O ARCO,
A FLECHA
E O ALVO

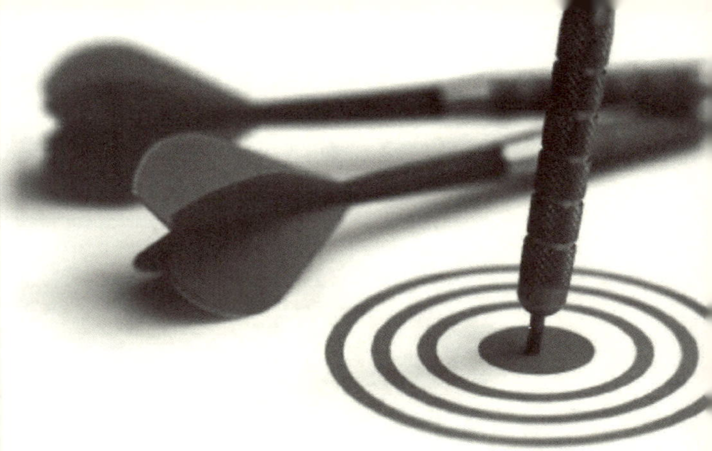

O ARCO, A FLECHA E O ALVO

LUIZ ALBERTO VERRI

Copyright© 2014 by Luiz Alberto Verri

Todos os direitos desta edição reservados à Qualitymark Editora Ltda. É proibida a duplicação ou reprodução deste volume, ou parte do mesmo, sob qualquer meio, sem autorização expressa da Editora.

Direção Editorial	Produção Editorial
SAIDUL RAHMAN MAHOMED editor@qualitymark.com.br	**EQUIPE QUALITYMARK**
Capa	Editoração Eletrônica
EQUIPE QUALITYMARK	**PSDesigner**

CIP-Brasil. Catalogação-na-fonte
Sindicato Nacional dos Editores de Livros, RJ

C136m

    Verri, Luiz Alberto
    O arco, a flecha e o alvo / Luiz Alberto Verri. – 1. ed. – Rio de Janeiro : Qualitymark Editora, 2014.
    184 p. ; 21 cm.

    Inclui bibliografia e índice
    ISBN 978-85-414-0178-4

    1. Liderança. 2. Liderança - Aspectos morais e éticos. I. Título.

14-14450

CDD: 303.34
CDU: 929:796.332

2014
IMPRESSO NO BRASIL

| Qualitymark Editora Ltda.
Rua Teixeira Júnior, 441 – São Cristovão
20921-405 – Rio de Janeiro – RJ
Tel.: (21) 3295-9800 | QualityPhone: 0800-0263311
www.qualitymark.com.br
E-mail: quality@qualitymark.com.br
Fax: (21) 3295-9824 |

*Dedico este trabalho
a três grandes mulheres:
Hilda, Rita e Sonia.*

Agradecimentos

Agradeço ao Dr. Camargo e ao então Sargento Landi, por suas influências positivas no meu caráter durante a minha adolescência; ao Professor Israel, por ter proporcionado condições para que eu me tornasse um homem religioso; ao Omar, pela amizade inspiradora de mais de 40 anos (e também pela sua paz interior a me iluminar).

Ao Flávio, por ter sido um dos principais responsáveis pelo ressurgimento de minha criança livre e feliz aos meus 30 anos de idade; à Lucia, por entre outras coisas ter me ensinado que "amar pode dar certo"; ao Níveo Roque, meu eterno "guru"; ao Ismar, que, além de me ensinar confiabilidade nos nossos trabalhos do mestrado de Qualidade, ainda me demonstrou com sua Cristina, e por mais de duas décadas, que amar realmente pode dar certo; à Susana e à Eliete, psicoterapeutas, por me fazerem enxergar as coisas importantes que eu não havia conseguido ver sozinho.

À Gabriela, por digitar com carinho e pressa o original deste livro; à Sonia Dieguez, da Fundação Dom Cabral, por ter feito a revisão mais fantástica entre os meus agora quatro livros escritos.

À Sonia, com sua paz praticamente inquebrantável, pelo incentivo, e principalmente, por tudo!

Prefácio

Este livro é um conto que ensina a *gerenciar*, passando pelos vários pontos da administração moderna, como *constância de propósitos*, *respeito às pessoas*, tratamento em relação à *comunidade*, *relações com o sindicato*, *comunicação*, *disciplina*, *foco nos resultados*, *resolução de problemas*, *melhora contínua*, e principalmente *aspectos motivacionais*, por meio de um amplo programa de *educação e treinamento*.

Carlos Roberto Lima é um executivo que foi designado diretor industrial de uma importante fábrica de um conglomerado transnacional. Lima se depara com um grande desafio profissional ao mesmo tempo em que tem problemas familiares com suas filhas e sua esposa. Constata, assim, o quão é árdua e às vezes solitária a vida profissional do principal executivo de uma fábrica ou organização corporativa.

A partir de ensinamentos a respeito de *inteligência espiritual* recebido de um colega mais experiente e também se valendo da sua própria experiência e de seu estudo acadêmico de pós-graduação, vai, com amor genuíno, dominando a situação pouco a pouco, até as coisas melhorarem.

Mas, no decorrer do caminho, muitos problemas terão que ser resolvidos para Lima provar, principalmente a si mesmo, que é possível, no mundo empresarial, vencer pela generosidade com ética e coragem.

Sumário

Prefácio / IX

Capítulo I
▸ Rapadura é Doce, Mas Não É Mole / 1

Capítulo II
▸ Inteligência Espiritual / 23

Capítulo III
▸ Batendo os Pregos até o Fim / 37

Capítulo IV
▸ Hora da Verdade / 103

Capítulo V
▸ O Essencial às Vezes É Muito Visível aos Olhos / 123

Capítulo VI
▸ Casa de Ferreiro, Espeto de Pau / 137

Capítulo VII
▸ Teoria dos "Nós Cegos" / 149

Capítulo VIII
▸ *Piano, Piano Si Va Lontano* / 157

Referências Bibliográficas / 169

◀ **Capítulo I** ▶

Rapadura é Doce, Mas Não É Mole

Carlos estava em sua nova sala de trabalho, como o novo Diretor Industrial da fábrica Areal, do grupo NACIONAL. Lá estava ele, firme e forte. Firme e forte? Mais ou menos...
 Era uma sala ampla; sua mesa – em estilo antigo – era grande; tinha certa imponência. Sofás para visitas, uma mesa circular para reuniões rápidas e uma mesa de centro, tudo cercado por algumas pinturas de autores conhecidos. A sala tinha um banheiro privativo. O cômodo contíguo era uma grande sala de reuniões. Na saleta da frente, como um segurança a não deixar ninguém entrar sem que fosse anunciado, a secretária. Junto dela, uma auxiliar administrativa, pronta a ir aonde fosse mandada.
 Carlos pensou: "É mais do que imaginei para mim um dia". Mas ele não se sentia mal ali; na verdade sentia-se à vontade, embora pensando às vezes que não precisasse de tanto.
 O telefone tocou:
 – Bom dia, engenheiro Lima. O Dr. Maia está na linha. O senhor atende?

– Claro! – e havia como não atender? – O Dr. Maia era seu chefe, Diretor de Operações de todas as Unidades Industriais daquele vasto complexo petroquímico que formava a NACIONAL Petroquímica, o maior Grupo do ramo do Brasil.

– Bom dia, Lima! – disse o Diretor – Diga-me: o que aconteceu com o vigilante? Vai dar afastamento? É grave? Como vocês foram deixar acontecer? – era uma avalanche de perguntas.

A sorte de Lima é que ele conhecia as regras, pelo menos *dessa* parte do jogo. Ele sabia que os diretores das empresas em geral, e especialmente os das indústrias, são extremamente preocupados com a segurança de seus funcionários, e estão fortemente determinados a que a reputação de sua empresa permaneça no mais alto nível.

Todas as partes interessadas, ou – como se diz hoje em dia, os *stakeholders* – estão muito, muito ligadas nessa questão. É uma coisa lógica: os *clientes* dão preferência a produtos de empresas ditas sustentáveis – onde a agressão ao meio ambiente e às pessoas é mínima – os *empregados* preferem trabalhar em empresas seguras e que não poluem; a *comunidade* no entorno repercute qualquer problema um pouco mais sério para a *imprensa*, a qual, por sua vez, "bota a boca no trombone"; os *clientes* priorizam produtos fabricados em empresa ditas sustentáveis; os *fornecedores*, em geral tratam pior os clientes com má reputação nessas áreas; e, principalmente, o *mercado de ações* derruba pesadamente o valor de mercado daquelas empresas cujos indicadores de saúde, segurança e meio ambiente não são bons. E isso faz sentido: quem quer ser acionista de uma empresa que mata pessoas ou agride o meio ambiente? A sociedade já aceitou esse tipo de situação no passado. Não mais nos dias de hoje.

Por isso tudo, Lima já tinha acompanhado o acidentado nos exames de tomografia e visitado o local do acidente (um final de escada de marinheiro que dava para uma plataforma com uma "boca" de saída com tampa de ferro, a qual havia caído na cabeça do vigilante). Sabia que este tinha estado de capacete no momento do acidente; e que os resultados dos exames e os médicos diziam que ele iria retornar ao trabalho no dia seguinte, o que de fato aconteceu. Relatou tudo isso ao seu diretor. Difícil falar a ele que, por mais forte que trabalhassem, era praticamente impossível não "deixar acontecer" alguns pequenos acidentes ao longo dos vários anos. Assim, Carlos não falou exatamente o que pensava; disse apenas que iria, junto com sua equipe, permanecer em alerta máximo para evitar repetições.

Final de expediente. Carlos aproveitou para desfrutar o gosto de voltar para casa sem dirigir, na agradável companhia de seu motorista, um aliado natural e tranquilo. Passaram-se alguns dias de trabalho intenso. Novo telefonema, agora pelo celular. O gerente de RH diz que o Sindicato estava fazendo o maior barulho nos portões de entrada da fábrica. Logo depois, Fernando entra um pouco nervoso na sala de Carlos, trazendo nas mãos um panfleto com a manchete: FÁBRICA DE AREAL CONTAMINA TRABALHADORES. Lima pensou: "Temos que fazer algo".

Fernando era ótimo gerente. Rápido, experiente, sensível. Mas não sabia o que fazer neste caso. Lima disse então:

– Fernando, o que você acha de eu ir conversar com os Diretores do Sindicato lá no "campo" deles, a sede do sindicato?

– Olha, chefe, se for para falar sobre a questão do solvente aromático, vai ser uma missão quase impossível – o quase foi uma pequena concessão dele. – Além disso, *nunca* – e frisou a palavra – um diretor industrial desta fábrica pisou na sede do Sindicato.

– Pois irei. Marque para uma noite dessas, diga que eu gostaria de ouvi-los; e, venha cá: esse é um segredo nosso, não comente com ninguém, nem com quaisquer dos nossos outros gerentes, por favor!

Fernando acaba de sair; entra a secretária. Bonita, elegante, de bons modos, cabelos longos, altamente eficiente: *a típica secretária executiva*, pensou Carlos.

— Engenheiro Lima, há um senhor, que se identifica como Sr. Aguinaldo, que já telefonou duas vezes querendo falar com o senhor.

— Ele disse do que se tratava?

— É de uma empresa chamada *Biossoluções*; disse que sabe do problema de fenóis no efluente da NACIONAL e que gostaria de propor uma solução. Devo ligar de volta?

— Não, não. Esse caras querem é ganhar dinheiro fácil. Já tenho muitos problemas para resolver. Se ligar de novo, diga que estou sem tempo de atendê-lo.

No mesmo dia, lá vem de novo o Fernando para a sala do chefe, com a resposta sobre a proposta ao Sindicato:

— Lima, eles quase não acreditaram. Está marcado para amanhã à noite. Mas veja bem: você tem certeza mesmo de que vai sozinho? Não quer que eu o acompanhe?

— Não — respondeu Lima — Vou só mesmo.

E lá estava ele, no dia seguinte, na porta do Sindicato. Sabia que o fiel motorista, esperando no estacionamento, seria um túmulo. Bico fechado.

Começa a reunião. Cinco sindicalistas, entre eles dois que eram o "terror" dos executivos da NACIONAL. Tinham liderado greves, feito ocupações, ofendido supervisores, humilhado gerentes, o diabo.

Lima toma a iniciativa:

— Não vim aqui para negociar, até porque estou sozinho e vocês são cinco. Vim aqui apenas para ouvir. Imagino que vocês têm muita coisa em comum comigo, já que querem coisas boas para os trabalhadores. Eu também quero, pois sei que o trabalhador motivado e feliz produz muito mais com menor esforço emocional. Certamente que vai haver divergências em alguns pontos, mas creio que estas sejam um percentual pequeno dentro do todo. Sou *todo ouvidos* — e sacou do bolso uma caderneta de anotações.

O que se viu a seguir foi um "toró" de reclamações e sugestões. Lima não questionava nada. Anotava tudo e apenas interrompia para pedir mais detalhes de um assunto ou para que repetissem a fala mais pausadamente para que pudesse anotar corretamente.

Ao final – a reunião tinha durado quase 3 horas –, agradeceu e disse que talvez as suas ações fossem demorar um pouco, mas que esperassem; no tempo certo iriam ver o resultado dessa reunião.

– Reforço, disse Lima, temos muitas coisas em comum e a maior delas é o objetivo do bem estar dos trabalhadores. E se despediu.

No outro dia, na fábrica, Fernando veio logo perguntar como fora a reunião.

Lima, com um sorriso enigmático no rosto, disse:

– Foi ótima. Aguarde um pouco para eu processar o que ocorreu. – E nada mais disse a respeito, mudando rapidamente de assunto.

Nesse momento, Lima não tinha tanta clareza do que faria exatamente com aquele rico material. Porém, de alguma forma, sentiu que um passo largo havia sido dado.

Passaram-se os dias. Novo telefonema – *sempre o danado do telefone*. Desta vez, do Prefeito da pequena cidade onde se localizava a fábrica. "O que será dessa vez", pensou um já escaldado Lima. Tratava-se de um convite – irrecusável, é claro. O convite, na verdade, era para dois eventos.

– Temos dois comitês aqui na cidade, e gostaria que você participasse dos dois. Um é o que chamamos de Comitê Consultivo, formado pelos diretores das indústrias, o vice-prefeito, o secretário de Indústria e Comércio, o presidente da Associação Comercial e Industrial, o presidente da Câmara e outras autoridades. A missão desse Comitê é propor políticas publicas para a cidade; e também remeto para ele algumas discussões que julgo pertinentes. É uma espécie de conselho para ajudar-me a dirigir a cidade.

– O segundo convite – prosseguiu o prefeito – é para a participação em um comitê composto por líderes comunitários; representantes da Indústria; e do poder Executivo. A missão desse Fórum da Comunidade, seu nome oficial, é constituir a interação e a integração entre a comunidade e as indústrias (a cidade era um polo industrial), visando à harmonia entre empresas, poder público e comunidade, e ainda a buscar o desenvolvimento sustentado da cidade.

– Não sei se poderei comparecer mensalmente aos dois, disse um hesitante Lima...

– Olha, seus antecessores iam pessoalmente ao primeiro e mandavam um representante ao segundo, geralmente uma pessoa da área de Recursos Humanos, sugeriu o prefeito.

– Está bem, vou pensar na forma que vamos fazer. Mas o convite para que a administração da Fábrica da NACIONAL continue a participar nos comitês da cidade está aceito.

Após a troca de amabilidades de praxe, os dois se despediram.

Lima não se dava conta, naquele momento, da riqueza e da utilidade de se ter esses canais com a comunidade; em vez disso, começou a pensar como iria fazer frente a tantos compromissos, com essa grande fábrica para tocar... Voltou-se então, para outros afazeres, deixando a decisão para depois. Esta poderia esperar um pouco mais.

À noite, como costumava fazer, Lima trocou ideias com sua esposa. Vera era uma pessoa simples e sábia. Algumas vezes ele a sentia como uma verdadeira bussola, a lhe mostrar os caminhos mais retos. Quem sabe ela poderia dar uma opinião.

– Olhe, Carlos, se eu conheço você, vai se sentir melhor entre os líderes da comunidade do que no comitê dos capitães da Industria. E acho que vai dar mais resultado – argumentou Vera.

– Mas não tenho tempo nem para me coçar, querida, exagerou ele.

– Você já sabia que a parada iria ser dura, disse sorrindo, utilizando uma das expressões que mais gostava de utilizar.

– É, mas até o momento a rapadura está mais dura do que doce! E passou para os assuntos mais amenos.

Alguns dias depois, Carlos chamou a sua Gerente de Relações Públicas, uma pessoa experiente e conhecedora da região. A seu pedido, Suely – era esse o nome dela – explicou com um bom nível de detalhes o funcionamento de cada um dos comitês. Ao termino da explanação, Lima já havia feito sua escolha: iria participar do Fórum da Comunidade e mandar o Gerente de Planejamento Estratégico para o Comitê consultivo da cidade.

Logo, chegou o dia da primeira reunião com sua participação. Em pleno horário nobre de trabalho (às 15 horas), lá estava Carlos sob a pele do engenheiro Lima, na Sede da prefeitura. Eram dezenas de participantes, a maioria bem prolixos. Carlos pensou "Ih, vai ser uma perda de tempo. Todo mundo fica pedindo coisas, assim de forma meio caótica, sem muita objetividade".

Porém, havia um cidadão que chamou a atenção de Carlos. Era um homem negro, líder de uma das comunidades, articulado e que conseguia colocar ordem naquela aparente bagunça. Seu nome? Zumbi, como aquele dos Palmares. Carlos começou a gostar da reunião.

Foi ali que Lima percebeu que o que mais a comunidade queria das Indústrias era a oportunidade de que seus membros tivessem para a conquista de empregos decentes nas indústrias e/ou nas empresas terceiras prestadoras de serviço às primeiras. Lima registrou o fato, porém mais uma vez pensou: "como viabilizar este desejo tão forte da comunidade?" Havia questões relacionadas à qualificação, adequação, necessidades, enfim, muitas variáveis a serem equacionadas... Mais um problema para resolver.

Outro dia na fábrica. Novo telefonema. Desta vez era Raimundo, o Diretor de Processos Industriais, que se reportava ao Diretor de Operações. Tinha, entre outras funções, a de ser uma espécie de "guardião" da qualidade dos produtos do grupo NACIONAL.

– Boa tarde, Carlos! – disse jovialmente Raimundo. Era um dos poucos que, no ambiente corporativo, o chamava pelo primeiro nome.

Carlos gostava muito dele. Sabia que Raimundo tinha sido um dos mais entusiastas defensores de sua promoção. No passado, quando Raimundo era D.I. – assim era o jargão da companhia para o cargo de Diretor Industrial – de uma das outras fábricas do Grupo, o havia convidado para o cargo de Gerente executivo de Engenharia de sua Unidade. Devido à mudança de cidade, idade escolar dos filhos, serviço da esposa, e principalmente pelo desafio que ainda estava resolvendo na fabrica onde então trabalhava com gerente setorial de Montagem, Lima não havia aceitado a oferta, mas Raimundo tinha entendido perfeitamente. E isto só fizera os laços de amizade entre os dois se estreitarem. Assim, Carlos respondeu calorosamente:

– Olá, Raimundo! Mas que bom falar contigo. A coisa aqui anda "cinza escuro". É muito bom ouvir uma voz amiga. E continuou:

– O que é? Pode dizer, estamos aqui para resolver.

– Trata-se de reclamação de um cliente. O pessoal da "Embalagens Almeida" ligou; eles são muito legais, mas reclamaram firme.

– E do que foi?

– Trata-se do último lote de Polipropileno. Eles reclamaram que ele está com um odor forte, atípico. O lote saiu de sua fábrica.

– Bah, mais essa! – com Raimundo podia ser mais espontâneo – E o que você sugere?

– Carlos, eu se fosse você enviaria imediatamente uns dois técnicos para a fábrica deles, para comprovar o que estão dizendo. Caso positivo, ofereça a troca do lote, sem nenhum ônus, inclusive os de transporte.

– *Gracias pela sugerência!* – brincou Carlos, reportando-se ao fato de Raimundo ter dirigido uma das fábricas da NACIONAL localizadas fora do Brasil – vou seguir exatamente. Obrigado! Afinal, aprendemos nos "MBAs da vida" que o cliente é a nossa principal razão de existência, não é verdade? Forte abraço.

– *By by.Good luck!* – brincouRaimundo, e desligou.

Carlos mudou de expressão, de jovial para preocupado. O que seria isso? Cheiro estranho no produto? Isso não era comum. Por mais amigo e cooperativo que Raimundo fosse, estava claro que exigia a resolução de mais este problema e rapidamente. Iria mandar amanhã bem cedo seu Gerente executivo de Produção da área junto com um excelente técnico da área do laboratório para a fábrica do cliente. Eles poderiam diagnosticar o problema. "Mais um", pensou Carlos.

No outro dia, Carlos estava apreensivo. Tinha recomendado muito ao Leal, seu Gerente Executivo de Produção, uma rápida resolução para o problema do cliente. Mas sabia muito bem o quanto isso poderia ser difícil.

Na hora do almoço, Leal ligou ao celular:
– Lima, o cheiro é de ácido sulfídrico!
Lima gelou, sabia que esse gás era venenoso...
– Tem certeza?
– Absoluta, chefe. O cheiro de ovo podre é inconfundível. Quais são as instruções?
– Antes disso, diga-me, você que entende bem de nosso processo: onde pode ter ocorrido a contaminação?
– Existem várias correntes de ácido sulfídrico, o qual é extraído da matéria prima, que são queimadas na tocha. Ainda não tenho ideia do que possa ter acontecido.
– Bem, vamos então tomar medidas drásticas: diga ao cliente que vamos recolher, sem ônus, o produto; ligue para o Miranda – Gerente de Produtos acabados – e peça para ele: a) verificar todos os fornecimentos do mesmo lote; b) mandar fazer uma inspeção nos estoques dos últimos lotes de polipropilenos visando detectar cheiro de ácido sulfúrico. Peça cuidados especiais para não acidentar as pessoas envolvidas; c) mande parar a produção de polipropileno.
– Parar, Lima?
– É isso mesmo, Leal. Vamos piorar ainda mais o nosso indicador de Continuidade Operacional, mas é o que deve ser feito.
– O.K., chefe. Você é quem manda. Mas eu não pararia já.
– Por quê, Leal?
– Parando a linha de produção fica mais difícil identificar de onde vem a contaminação...

– Mas e os riscos de se continuar produzindo, para as pessoas?
– São grandes, reconheço.
– Então, mande parar – ordenou Lima.
Ordem dada, quase entrou em desespero. As quantidades de produção já estavam afetadas, o indicador iria piorar ainda mais. A única coisa que o acalmou foi pensar na sua crença, de que Deus nunca dá um fardo maior do que podemos suportar.
Almoçou, depois voltou à sua rotina de trabalho, mas nada parecia deslanchar; fazia um pouco e pensava no problema outro tanto. Ainda estava imerso nos seus pensamentos quando o celular tocou novamente. Era Leal, quase eufórico:
– Chefe, tenho boas notícias!
– Diz logo! – retrucou Lima.
– Primeiro: só havia mais um cliente que já recebeu material desse lote. Ligamos para ele e não há nenhum relato de cheiro diferente no produto.
– Mesmo assim acho que vocês deveriam visitá-lo para nos certificamos pessoalmente.
– O.K., Lima, vamos lá só por garantia. Outra coisa: só há mais dois lotes dessa mesma campanha de produção; estão já identificados e isolados.
– Ótimo. Vocês estão trabalhando muito proativamente. Mais alguma boa notícia?
– Tenho sim: quando mandei parar a Unidade, o Supervisor disse que o Permutador X-2010 apresenta sintomas típicos de que pode estar danificado, dando passagem.
– E aí?
– Aí que esse permutador utiliza justamente polipropileno quente para aquecer , adivinha o que, antes deste ser jogado para a chaminé?
– Ácido sulfídrico, é claro!
– Isso mesmo. Tenho certeza que há um furo no permutador, e é por ele que deve estar ocorrendo a contaminação.

– Parece que tivemos nesse caso, mais sorte que juízo! De qualquer forma, acho que o caminho é este. Gosto do seu entusiasmo para atacar os problemas, Leal. Mas veja, sendo correto o seu diagnóstico, não chegamos à causa básica. Por que o permutador furou?
– Boa pergunta, chefe. Só tem seis meses de operação, não devia ter furado. Inclusive furou muito tempo antes do momento em que normalmente começamos a monitorar as condições.
– Pois é, nós precisamos entender o que aconteceu. Mas de qualquer forma, bom trabalho. Ah, e é claro que a produção já parou para fazer a inspeção e o reparo, não é?
– Claro, Lima! Ordem dada, ordem executada.

Lima sabia que ainda tinha um grave problema, de base, para resolver. E suspirou.

Domingo. Fábrica tranquila. Dia de andar de bicicleta e relaxar. Como de hábito, sempre que podiam, Carlos e sua esposa pegavam suas bicicletas e iam andar na cidade, em direção a uma cafeteria bem bacana que ficava no centro. A cidade onde moravam não era onde estava localizada a fábrica. Tinha uns 300 mil habitantes e uma qualidade de vida que foi uma surpresa agradável para os dois. E o salário no novo cargo proporcionara o aluguel de uma excelente casa: todos quatro quartos tinham banheiro privativo, bem localizada, uma graça. O padrão econômico da família tinha melhorado.

Enquanto pedalava, Carlos pensava: "é, a rapadura é doce, mas não é mole. De um lado tenho uma vida boa, sou convidado para jantares e homenagens; tive até muita facilidade junto ao clube dos aeromodelistas. – ele era um aficionado em construir e 'pilotar' aqueles aviõezinhos – Por outro lado... aquela barra toda na pilotagem da fábrica".

Chegaram ao café. Bicicletas amarradas ao poste, começaram a caminhar.

– Em que você veio pensando? Estava muito absorto...
– Estava literalmente "pensando na vida" – retruca Carlos – você também acha que é boa a nossa vida aqui?

– Claro que acho. Até já consegui alguns clientes naquela clínica onde você conseguiu uma sala para eu trabalhar e com um aluguel bastante razoável. A cidade, a casa, tudo me parece maravilhoso. Só me preocupo um pouco com você...

Sentam-se no café e pedem aquele café expresso e o chocolate amargo de que tanto gostavam.

– Você se preocupa por causa das minhas responsabilidades na fábrica, não é?

– Sim, claro. Vejo que você trabalha quase todos os dias das 7 às 19 horas, chega em casa perto das 20 horas, inclusive alguns sábados, e pelo o que eu percebo, as coisas não vão como você gostaria.

– É isso, Vera. Que bom que você está disposta a me ouvir. A verdade é que não sei bem o que fazer, principalmente para evitar as quebras das máquinas, que paralisam a produção das plantas, dão problemas na qualidade dos produtos, de segurança, meio ambiente, pioram nossos indicadores, e não me dão trégua para trabalhar em vários outros assuntos, também muito importantes.

– Indicadores? Acho que você me falou já sobre eles quando trabalhava, na outra fábrica, mas me esqueci. Você pode me explicar de novo?

– É o seguinte, querida: todas as fábricas hoje aferem, preferencialmente diariamente, mas pelo menos mensalmente, alguns itens, geralmente números, para saber o quanto as coisas estão indo bem ou mal. E nós não estamos indo bem em vários deles. Vou te dar um exemplo: a continuidade operacional, medida em porcentagem, tem que ficar, para todas as plantas, o mais próximo possível dos 100%, funcionando todo o tempo, vinte e quatro horas por dia. Isto porque vendemos toda a nossa produção. Os custos fixos, tais como os salários das pessoas próprias e contratadas, a depreciação dos bens, ações de marketing etc., permanecem os mesmos. Então, se a continuidade operacional é baixa, o lucro cai perigosamente, pois as receitas ficam muito próximas das despesas. Se a continuidade opera-

cional for muito baixa, a receita pode até ficar mais baixa que as despesas e aí podemos ter prejuízo.
– E porque as máquinas quebram?
– São muitos os fatores. Pode ser operação inadequada, projeto inadequado, término da vida útil sem manutenção preventiva, uma porção de coisas... Para simplificar, dizemos que é um problema de confiabilidade.
– Confiabilidade de máquinas? Mas você não era especialista exatamente nisso? O seu mestrado...
– Aí que está meu "nó" – atalhou Carlos – São quase duas mil pessoas trabalhando, entre próprias e contratadas. Dezenas de profissões estão sendo exercidas, milhares de tarefas são realizadas diariamente, centenas de decisões tomadas por elas. E não dá para, de uma hora para outra, fazer com que todos trabalhem no sentido correto, tomem as decisões corretas a todo momento. Além disso, existem centenas de probleminhas acontecendo todos os dias que desviam a atenção das pessoas, inclusive a minha. É fogo.
– Tenho certeza que você vai encontrar uma saída, querido.
– Bem, acho que nesse momento você confia mais em mim do que eu mesmo.
– Vamos deixar esse papo agora, vamos voltar? O café estava uma delicia.

Algum tempo depois, na fábrica, novo telefonema – grande novidade – agora do Márcio, Diretor de Confiabilidade do grupo NACIONAL. Márcio tinha o mesmo nível hierárquico de Lima, mas exibia evidentemente mais força e prestigio junto ao "Board" da direção da empresa. O Diretor de Operações o utilizava, assim como ao Diretor de Processos Industriais, como "pontas de lança" cobradores de resultados das Unidades. Lima já sabia que viria chumbo grosso.

– Bom dia, Lima – disse Márcio – como vai?
– Bom dia, Márcio. Bom dia. Tudo bem contigo?
– Sim, obrigado! Mas eu liguei mesmo para ter notícias sobre a baixa continuidade operacional de sua Unidade. Veja, ontem a Unidade de Polietilenos parou, e a informação que temos

é que foi um problema elétrico no compressor. O que foi que ocorreu mesmo? E porque demorou tanto para entrar em linha novamente?

– Bem, Márcio, como você sabe, o motor do compressor é síncrono, e tem um sistema de excitação por tiristores e uma caixa de controle, tudo rodando no eixo do motor...

– E aí?

– E aí que houve uma sobretensão que queimou a caixa de controle...

– E a sobretensão? Por que ocorreu?

– Pois é, isto ainda não sabemos... Até nos demoramos um pouco para voltar a operação devido à pesquisa. O pessoal da área está estudando para ver o que aconteceu, para evitar repetições.

– Olha, Lima, a gente está esperando muito de você. Afinal, você é um especialista em Confiabilidade...

Lima pensou: "Acho que não vale a pena chorar com o Márcio da mesma forma que fiz com a Vera". E disse:

– É verdade. Veja, eu já institui o Grupo de Melhoria Continua (GMC), e nossa meta é estudar e resolver todos os problemas, à medida que tivermos as *não-conformidades*, para evitar repetições – na realidade, Carlos ainda não sabia direito como fazer esse grupo funcionar bem **nessa** fábrica...

– Sei que você "manja" disso tanto quanto eu, mas as coisas tem que melhorar. E rápido!

– Eu sei, Márcio. Te garanto que estamos fazendo o nosso melhor...

– Não queria te preocupar, mas acho honesto e pertinente te dar uma informação.

– Diga aí.

– Você certamente já teve noticias daquele grupo espanhol que está querendo comprar algumas de nossas unidades industriais...

Lima tinha ouvido. E perguntou – Sim. E daí?

– Daí que há uma forte corrente no Conselho Diretor no sentido de vender duas de nossas unidades. E sabe qual vai ser o critério?
– Adivinho...
– É isso aí, a tendência é vendermos as duas unidades de pior desempenho. E a sua Unidade está por assim dizer "na linha de tiro", pois das nossas treze unidades, a sua ocupou o 12º lugar no *ranking*, na última prévia de avaliação.
– De qualquer forma, obrigado pela informação e franqueza. Vou acelerar.
– Boa sorte. Tchau, um abraço!
Clique. Lima desligou o telefone. E sentiu um frio na barriga. Sabia que a posição que ele aceitou ocupar tinha muitos desafios, mas não tinha noção do tamanho do buraco. Lembrou-se daquele colega do Escritório Central, seu colega de turma, que ao encontrar-se com ele, Lima, no corredor do Escritório Central da Empresa, deu-lhe um abraço e disse: "Soube que você é o novo diretor da fábrica de Areal. Não sei se te dou os *parabéns* ou *meus pêsames*...". E riu gostosamente.
Lembrou-se também da resposta agressiva que deu: "Olha, se me designaram para lá é porque a posição não é para "bunda-mole". Vou dar conta, fique tranquilo." E riu também.
Agora já não estava tão seguro. Ainda confiava, porém, que iria sair bem dessa.
No mesmo dia, quando fazia a reunião de agenda com sua secretária, ela disse:
– Engenheiro Lima, ligou o Dr. Roberto, é o juiz de uma das varas da cidade e disse que queria uma hora para conversar, marquei para amanhã, às 15h, tudo bem?.
– E o assunto?
– Disse que é coisa ligada ao Fórum de Justiça da cidade. Eu achei mais prudente não perguntar mais detalhes. Fiz bem?
– Sim, claro. Com as autoridades temos que ter muito cuidado e deferência. Obrigado por ter agido assim.
No dia seguinte, e entre um problema e outro, chega o Dr. Roberto, na hora combinada. A conversa inicial foi sobre ame-

nidades: o clima, a pujança das indústrias na cidade, o fato positivo de as empresas não serem mais vistas como poluidoras...

– Bem – disse o Dr. Roberto após certo tempo – o que me traz aqui é um pedido.

– Sim?

– Ocorre que o prédio do nosso Fórum é muito quente, atrapalha o bom andamento dos serviços. E não tem um sistema de condicionamento do ar...

Lima pensou "E nós com isso?", mas respondeu apenas:– prossiga.

– Pensei então, que a NACIONAL, um grupo empresarial tão forte, poderia nos ajudar...

– Bem, talvez eu encontre alguns aparelhos em nosso inventário de bens disponíveis – começou Lima.

– Olha, Dr. Lima, eu estava pensando em algo mais substancial – atalhou o juiz.

– O que exatamente?

– O que necessitamos mesmo é de um sistema central, incluindo o projeto e toda a instalação elétrica. O que o senhor acha?

Lima quase não conteve sua impaciência. Com tantos problemas para resolver e enfrentar, lá vinha uma autoridade, ciente do poder que possui, quase a exigir um sistema que certamente iria demandar recursos e principalmente desviar a atenção sua e de vários outros funcionários para algo que nada tinha a ver com os processos produtivos da NACIONAL e que por isso mesmo iria exigir grande esforço para aprovação, se é que conseguiria. Mas conteve-se e disse:

– Veja, existem alguns entraves burocráticos com relação a seu pleito. Terei que conversar com o pessoal do Escritório Central da empresa para ver o que podemos fazer.

– Então, esperaremos. Confiamos na NACIONAL. Como disse, é a empresa mais prestigiada por nós, nesta região.

Lima não sabia se esta ultima frase continha alguma ameaça, mas disse:

Capítulo I: Rapadura é Doce, Mas Não É Mole ◄ 17

– Obrigada pela visita, Dr. Roberto! Quer conhecer alguma coisa por aqui?
– Não, Dr. Lima, tenho alguns compromissos.
E se despediram. "Mais um 'abacaxi' para descascar", pensou Carlos.

Como o Dr. Roberto havia mencionado, naqueles tempos os problemas ambientais estavam quase que completamente solucionados. Mas havia um item, entre os mais de uma dezena de itens de controle de Meio Ambiente, que não estava "enquadrado". Estar enquadrado significa *nunca* ultrapassar o valor máximo legal. Este caso era complicado porque a legislação do estado onde estava localizada Areal, tinha, para esse parâmetro especifico, o teor para o efluente líquido, um valor extremamente baixo, menor do que os padrões europeus, e menor do que quase todos estados dos EUA. Era igual ao do estado da Califórnia, cuja legislação é a mais exigente do mundo, na questão ambiental.

Mas não importa. A NACIONAL é uma empresa que segue a lei e a ordem era para enquadrar o item.

Porém, não era fácil. A tecnologia estava – ainda está – no limiar do conhecimento para tal. Na Califórnia não existem petroquímicas; então, o problema era todo para as empresas brasileiras resolverem, sem refererências externas para tal exigência.

Outra vez o telefone. Desta vez, a Gerente de Relações Publicas dizendo:

– Lima, o jornalista do Correio do Povo – jornal de maior tiragem da cidade grande próxima à Unidade – diz que não sossega enquanto não falar com você sobre o problema dos fenóis.

– Como ele ficou sabendo? Não ficou satisfeito com suas explicações? Não aceitou falar com o Hugo, Gerente de SMS – Segurança, Meio Ambiente e Saúde?

– Por partes, chefe: ele ficou sabendo através de pesquisa junto ao órgão ambiental. Não aceitou minhas explicações. Não aceita falar com ninguém que não seja você. Outra coisa, chefe: esse é o jornalista mais influente do Correio, ele tem força. E deixou nas entrelinhas a ameaça de publicar extensa matéria

a respeito, agravada com uma manchete do tipo: "Unidade da NACIONAL contamina o rio – subtítulo: Diretor não aceita falar com a imprensa".
– Bem, nesse caso parece que não há outra saída, não é? Vamos enfrentar a fera, Suely. Pergunte se ele pode me ligar depois da 18 horas, O.K.?!
– O.K., Lima, vamos lá. Ligo para ele e te retorno.
Após uns dez minutos, Suely estava outra vez na linha telefônica.
– O cara topou, chefe. Boa sorte!
– Obrigado, vou aguardar – retrucou Lima.
Houve o telefonema. Lima explicou tudo, desde a dificuldade tecnológica para alcançar o parâmetro tão "apertado", até a existência de um documento assinado entre a NACIONAL e o órgão ambiental, o qual rezava que a primeira tinha ainda mais 18 meses para resolver o problema em definitivo. E também informou os esforços já realizados no sentido de se enquadrar os fenóis. O jornalista foi educado e objetivo. Carlos pensou "deve sair uma matéria no mínimo neutra".

Ledo engano. No outro dia, ainda que em uma manchete pequena, em uma pagina interna do jornal, lá estava: "NACIONAL admite que contamina o rio com fenóis".

"Mais um grande problema", pensou Lima. "Está 'na prateleira', junto com todos os outros. Vou ter que encontrar saída para eles!"

Mas a vida continua. A Unidade tem uma pequena academia de ginastica para uso dos funcionários. E o Diretor da fábrica aproveita para, no final do seu segundo expediente (17h, momento em que os funcionários horistas iam embora) ir lá desopilar, correr na esteira, "puxar um ferro", e conseguir dar boas risadas com os colegas que também a utilizavam. Mais uma coisa boa, pensou Lima: embora houvesse para ele um terceiro expediente de trabalho, até mais ou menos às 19 horas, era um bom momento de descontração e para preservação da saúde.

Ao chegar da academia, um recado da sua secretaria, escrito com capricho em um pedaço de papel. "O Dr. Aguinaldo, da

Biossoluções, ligou novamente. Insiste em falar com o senhor." E seguia o numero de um celular, evidentemente para Carlos ligar.

Mas Carlos não ligou. Eram tantos e tão variados os problemas, que se sentia exausto para perder tempo com "papo de vendedor".

Dia seguinte. Desta vez a noticia veio pessoalmente. Fernando, o gerente de RH, pede para falar com Lima, iniciando o diálogo – Carlos percebe que Fernando é bem mais jovem do que ele, mas tão compenetrado quanto o Diretor. "Menos mal que eu tenha esse camarada competente para me ajudar", pensou Lima.

– O que me traz aqui é um assunto delicado...
– Pode falar, Fernando!
– Bem, o que se passa é o seguinte: há um romance entre um Supervisor de Segurança Patrimonial e uma estagiária de química.
– Bem, e o que nós temos com isso? – assustou-se Lima.
– O Toledo (era o nome do Supervisor) é casado, e a esposa dele ligou para mim. Ameaça "botar a boca no trombone", responsabilizando, pela imprensa, a NACIONAL por permitir e até incentivar a traição amorosa. É uma boa história para a mídia, não há como negar.
– Puxa, Fernando, o caso pode ser sério. O que você sugere?
– É sério mesmo. Lembre-se do caso do Irani, da indústria vizinha Borrachas do Brasil...

Claro que Lima se lembrava. Aquele havia sido o único telefonema que tinha recebido do Presidente da NACIONAL, imediatamente após a empresa *Borrachas do Brasil* aparecer no *Jornal NACIONAL*. Havia ocorrido um crime: o assassinato da esposa de um gerente dessa empresa, a mando de uma estagiária que tinha se apaixonado pelo tal gerente. O presidente pediu, por celular, o telefone do Irani, Diretor Superintendente da *Borrachas do Brasil*. Por meio desse telefonema, Lima ficou sabendo que a NACIONAL detinha, naquele momento, mais de 50% das ações da empresa vizinha e que, portanto, era quem dava as cartas na mesma. E não deu outra: Irani foi demitido naquela noite mesmo, por telefone.

– Prossiga, Fernando – disse rapidamente Lima com o semblante carregado.

– Temos algumas opções. Primeiro: despedir a estagiária. Segunda: não fazer nada para ver o que acontece. Terceira: falar com o Toledo, dissuadindo-o do romance.

– Acho que despedir a estagiária está fora de questão. E não é por medo do que ela possa fazer; é uma questão de não se cometer uma injustiça. Por outro lado, falar com o Toledo direta e abertamente também não dá. Não temos esse direito, a questão é de foro íntimo.

– Mas também não fazer nada pode ser pior – contestou Fernando.

– Sim, vamos ter que encontrar uma saída. Vamos nos dar alguns dias para ver se temos alguma ideia a respeito.

– O.K., chefe, que Deus nos proteja até lá.

E Lima ficou lá, indignado pelo fato de ter entre tantos outros, um problema, digamos, de cunho sentimental para resolver.

Quando chegou a sua casa, depois do banho e do jantar, o nosso personagem foi para a escrivaninha, pensativo, e conseguiu por fim desenhar o esquema, como abaixo:

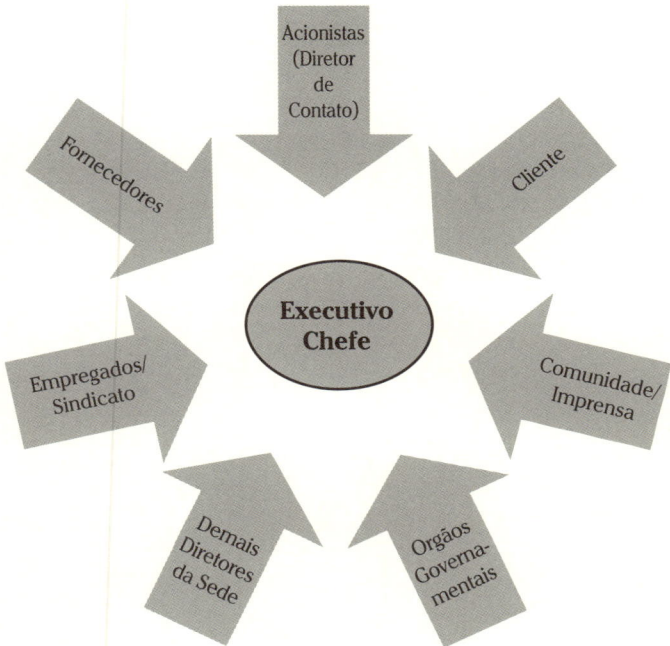

E todo mundo pensa – alguns até chegam a verbalizar – que um Diretor Industrial de Fábrica de um grupo importante como o NACIONAL está, como se diz popularmente, "por cima da carne seca".

De qualquer forma, Carlos Roberto Lima gostava de desafios. Não ia "entregar a rapadura" facilmente.

◀ **Capítulo II** ▶

Inteligência Espiritual

Carlos acordou lembrando-se de Publio. De cara, pensou: "Publio saberia o que fazer".

Publio foi uma das poucas pessoas que Lima havia encontrado no mundo corporativo que era, ao mesmo tempo, *firme e doce*. Quando se conheceram, ambos trabalhavam em Unidades Industriais diferentes de uma petroquímica; Lima, como chefe de manutenção, e Publio, como gerente de produção. Este foi ajudar na "posta em marcha" da unidade onde Lima trabalhava.

A empatia foi imediata. Os dois professavam a mesma religião, aquela cuja única obrigação é esforçar-se para melhorar a si mesmo. Publio praticava muito bem o que podemos chamar de *regra de ouro*: tratar as outras pessoas exatamente como gostaria de ser tratado. O colega tinha mais experiência: ensinou muitas coisas ao nosso protagonista. E agora Publio estava na posição de Diretor Industrial de uma fábrica daquele mesmo Grupo em que tinham trabalhado juntos, situada relativamente próxima da cidade onde Lima morava.

Tomou a decisão. Iria conversar com esse mentor, pedir conselhos para que viesse uma luz que o ajudasse a superar os desafios existentes e os futuros que se apresentassem, da melhor maneira possível.

Assim decidiu, assim fez. Conseguiu marcar um horário, às 18h30min, na fábrica comandada por Publio. Lima não gostava de se atrasar, mas naquele dia chegou um pouco mais tarde. Muitos problemas na sua própria fábrica o retiveram.

Conseguiu chegar mais ou menos às 19 horas. Muito bem recebido na portaria, chegou ao prédio principal. Lá um pequeno cartaz, "Bem vindo Carlos Roberto Lima, Diretor da Fábrica Areal da NACIONAL". Sentiu o afeto, o calor amigo. Percebeu também que o colega considerava aquela visita uma honra. Lamentou não poder ter vindo em um horário no qual houvesse mais pessoas presentes; o amigo iria talvez ficar mais contente. Mas, como gostava de reagir assim, pensou: "A gente faz sempre tudo o que pode. Mas só o melhor que pode, não dá para fazer mais."

Olhou para cima. Publio o esperava na parte superior da escada. Subiu com muita alegria e trocaram um longo e afetuoso abraço.

O amigo começou parabenizando-o – a fábrica que Lima comandava era muito maior e mais complexa do que a dele – pela posição alcançada.

– Obrigado, amigo! Mas você deve saber que a rapadura é doce, mas não é mole – disse o executivo do Grupo NACIONAL.

– É verdade. Você mencionou isso ao telefone e gostaria de compartilhar contigo um pouco de minha experiência. Estou às suas ordens.

– Na verdade eu preciso mais. Necessito que você me aponte caminhos – e ansiosamente despejou a sua longa lista de problemas. Escolheu apenas os mais importantes e emblemáticos, pois não haveria tempo para todos: a obsessão do seu Diretor com a segurança e a consequente busca da perfeição nessa área; o Sindicato difícil com que tinha que lidar; a pressão da comunidade pela participação na resolução de seus problemas; a constante preocupação com os clientes; a questão da baixa confiabilidade operacional da sua Unidade Industrial (tomou cuidado para não mencionar a ameaça da venda para o grupo espanhol); a pressão e os pedidos das autoridades; o assédio dos fornecedores; as dificuldades com o enquadramento do índice de fenóis; as relações conflituosas com a mídia e, por fim, o caldeirão que representa quase duas mil pessoas, todos os dias, trabalhando no mesmo local, com seus interesses, motivações e tomando suas próprias decisões. Mencionou especificamente o caso "sentimental" – e neste último relato já estava expressando seu desânimo.

– Eu pensei, quando fui designado para o cargo – prosseguiu Lima – que iria ter que resolver problemas mais sérios só para deixar a fábrica operando bem, com alta continuidade operacional, com segurança e respeitando o meio ambiente, o que já seria um grande desafio. Mas como vê, o "pepino" é muito maior!

À medida que Lima fazia o relato, o outro executivo o ouvia atentamente. O primeiro mencionou também o que já tinha feito em cada caso; de vez em quando o amigo balançava a cabeça, como que aprovando.

– Bem, meu amigo. Como diria Jack, o estripador: vamos por partes – iniciou Publio, sempre bem-humorado. – Primeiro, acho que você não "pisou na bola" em praticamente nenhuma das situações apresentadas. É natural a sua ansiedade e até um pouco de desânimo diante de tantos problemas reais. Eu te conheço há mais de vinte anos, sei de sua generosidade e de sua persistência. E esta é minha primeira sugestão: seja espontâneo, deixe brotar sua generosidade, sempre com persistência, e a tendência é que os problemas vão se resolver.

– Depois – continuou – eu sugiro que você pense na seguinte imagem para alcançar os seus objetivos: os procedimentos, regras, as suas ordens e determinações são como um *arco*, as *flechas* são todas essas pessoas que podem te ajudar e os *alvos* são os objetivos que necessita alcançar, o que significa a resolução dos problemas.

De imediato, Lima se lembrou do poema de Gibran Khalil Gibran e recitou mentalmente a parte deque se lembrava. Mais tarde, já em casa, pegou o livro, abriu e conferiu:

"Vossos filhos não são vossos filhos.
São os filhos e as filhas da ânsia da vida por si mesma.
Vêm através de vós, mas não de vós.
E embora vivam convosco, não vos pertencem.
Podeis outorgar-lhes vosso amor, mas não vossos pensamentos,
Porque eles têm seus próprios pensamentos.
Podeis abrigar seus corpos, mas não suas almas;
Pois suas almas moram na mansão do amanhã,
Que vós não podeis visitar nem mesmo em sonho.
Podeis esforçar-vos por ser como eles, mas não procureis fazê-los como vós,
Porque a vida não anda para trás e não se demora com os dias passados.
Vós sois os arcos dos quais vossos filhos são arremessados como flechas vivas.
O arqueiro mira o alvo na senda do infinito e vos estica com toda a sua força
Para que suas flechas se projetem rápidas e para longe.
Que vosso encurvamento na mão do arqueiro seja vossa alegria:
Pois assim como ele ama a flecha que voa,
Ama também o arco que permanece estável".

Mas na hora falou para Publio:

– Dizendo assim parece fácil, mas as variáveis são muitas, e são tantas e tantas *flechas* com vontade própria! Não posso estar presente nem em um centésimo; aliás, nem em um milésimo das ações. Como motivá-las a ir para o sentido correto?

– Você, já estudou a pirâmide de Maslow, não é verdade?

– Claro!

– E qual é a necessidade mais sublime, a que realmente faz as pessoas darem tudo de si e ficarem felizes?

– É a autorrealização: o orgulho do serviço bem feito, o sentimento de ser útil e poder resolver problemas com criatividade. Mas também tem a imediatamente anterior, que é sentir-se respeitado, até amado. Podemos dizer isso, não é?

– Está vendo? Você sabe as respostas – disse Publio.

– É, esta parte eu sei, até admiro muito Deming, o iluminado guru da Qualidade. Entre os seus famosos 14 pontos, acha-se este: "Remova as barreiras que impedem o orgulho do trabalhador". Mas como alcançar isso? Para mim está parecendo o conto do "como colocar o guizo no gato"? A solução está ali, aparentemente fácil, mas como implementá-la?
– Calma, meu amigo. Você já ouviu falar em *Inteligência Espiritual*? – perguntou o executivo mais experiente.
– Não exatamente. Mas o nome parece interessante...
Publio sacou de sua gaveta uma revista escrita em inglês. Estava marcada uma página, no artigo com o título *Why*.
– Depois você vai ler com calma este artigo. Tirei uma cópia para você. Mas por enquanto dê uma olhada apenas nas principais características que fazem um líder ter *"inteligência espiritual"*.

O amigo mais jovem leu esses pontos apontados, que estavam destacados em um quadro. Foi resumindo na sua cabeça, em Português:

▶ Autoconhecimento. Encorajar *feedbacks* dos liderados para si.
▶ Antecipar o impacto emocional das suas ações sobre os outros.
▶ Visão do todo. Capaz de passar a todos a orientação para os resultados necessários à visão do negócio.
▶ Uso positivo das adversidades. Disposição para correr riscos.
▶ Visão holística. Capaz de olhar todos os aspectos que envolvem uma questão. Encorajar os seus liderados a fazer o mesmo.
▶ Compaixão. Cuidar das outras pessoas e dos seus sentimentos.
▶ Diversidade. Considerar todas as ideias, inclusive as que vão contra a corrente.

- "Não ligar para a torcida" – em inglês estava escrito o correspondente a "independência". Preparado para tomar decisões impopulares.
- Tendência a perguntar: "Por quê?" Entender todo o problema antes de tomar uma decisão.
- "Pensar fora da caixa". Largar as ideias e opiniões que teve no passado que não estão dando resultados.
- Espontaneidade. Ser você mesmo. Correr riscos para melhorar o desempenho.
- Gratidão. Encorajar os membros da sua equipe a se ajudar mutuamente. Reconhecer as contribuições dos outros.
- Humildade. Delegar, identificar suas limitações, aprender com seus próprios erros.

Ao terminar de ler, Lima exclamou:

– Puxa, isto é um verdadeiro compêndio para o bom comportamento humano! Mas será que já temos esse grau de evolução? Parece difícil.

– Viu?! Você já está praticando o item *humildade* ao reconhecer que não é tão fácil! Mas eu gostaria que você prestasse atenção ao item *compaixão*, o qual está muito ligado à generosidade. Você se lembra daquela palestra que assistimos juntos, do Dr. Paulo Gaudêncio? O que ficou para você daquela palestra?

– Sim, me lembro. Ele nos colocou a seguinte situação: Paciente com uma porção de tumores eruptivos nas costas, cheios de pus. Dois médicos, duas condutas diferentes. O primeiro fica com pena, não quer agredir muito, coloca o paciente de bruços e aplica compressas de água quente nas suas costas para aliviar a dor. O segundo sabe que essa conduta não vai resolver o problema do paciente. Iria apenas postergar para mais tarde o sofrimento. Aplica uma anestesia local, e mesmo que esta não faça totalmente efeito, usa o bisturi para rasgar todos os tumores, até que todo o pus escoe. Terminada a cirurgia, deixa o paciente de bruços e aí sim, coloca as compressas com um liquido cicatrizante. Perguntou: Qual foi o mais generoso?

Ele nos levou a perceber que a generosidade ampla, às vezes pressupõe ações que à primeira vista parecem não considerar a compaixão.
– É isso aí. Vejo que você, como eu, pegou bem a essência da palestra. Não se esqueça de praticar o que aprendeu nela, sempre que for necessário – concluiu Publio.
Já era quase 22h, mas a conversa estava tão boa e produtiva que os dois amigos não davam mostras de querer terminá-la. Era inverno, e havia um aquecedor dando uma sensação de acolhimento e aconchego. Assim, Lima prosseguiu:
– Falando nessa coisa de, às vezes, ser necessária certa agressividade positiva, qual a sua opinião a respeito de troca de gerentes?
– Por quê? Está pensando na hipótese?
– Sim, até estou. É muito difícil mudar uma cultura estabelecida quando alguns de seus gerentes executivos não compartilham da mesma filosofia. Na verdade, parecem se esforçar em sentido contrário.
– Olha, às vezes é necessário mesmo. O ditado é antigo, mas sempre válido: não se consegue fazer uma boa omelete sem quebrar os ovos. Mas eu sugiro que você o faça com bastante critério, e troque todos que vai trocar de uma vez. O choque será um só e não fica aquele clima de terror.
– Obrigado, mais uma vez, Publio. Como te relatei, tenho alguns problemas mais agudos e talvez mais urgentes para resolver. Você tem mais algum tempo hoje?
– Sim, meu amigo. Você está falando especificamente dos problemas que relatou, não é verdade?
– É isso mesmo. Você, hein, consultor de graça e ainda consegue adivinhar o desejo do "cliente".
– Vamos lá. Pelos relatos que fez, eu penso que você está no caminho certo em quase todos. Vamos começar pelos problemas, digamos, mais demorados entre os que você relatou, e que dependem mais ou menos das mesmas ações: as questões de confiabilidade, segurança e meio ambiente – e no seu caso, por extensão, aquele problema específico em que mandaram

produto contaminado para o cliente, parece-me que devam ser enfrentadas no mesmo "pacote" de ações...

– Veja se fica bom assim – atalhou Lima –, primeiro reforço o Grupo da Melhoria Contínua – GMC. Penso abordar os pontos-chave com os componentes do GMC diretamente ligados a mim, principalmente a questão da *atitude* e enfatizar a questão da *visão do todo*.

– Claro, você é um especialista na área. E sabe que esses itens estão muito interligados – disse o outro, referindo-se à *confiabilidade, segurança* e *meio ambiente*. – Mas sugiro alargar um pouco mais a plateia de sua palestra. Vá e fale diretamente com todos os membros do GMC.

– O.K. Para ajudar a alavancar o processo de mudança, após eu observar um pouco mais as atitudes dos Gerentes Executivos, faço aquelas mudanças necessárias.

– Quanto tempo mais?

– Veja, já faz quatro meses que assumi a fábrica e penso que mais dois meses é o tempo adequado para realizar as mudanças.

– Perfeito. Mas não se esqueça daqueles pontos necessários a todo bom "arco", em uma situação como essa: antecipe o resultado no emocional da equipe, assuma um pouco de riscos "pensando fora da caixa"; uma vez tomada a decisão final, "não ligue para a torcida"; e neste caso específico, um fator imprescindível: aja com *foco na verdade*.

– Concordo com tudo. Aliás, o artigo sobre *Inteligência Espiritual* que você me deu vai me ajudar bastante.

– Muito bem, e o que mais?

– Dentro de poucos dias haverá uma rodada de avaliação de desempenho. Pretendo dar *feedbacks* honestos, mas penso também pedir *feedbacks* de cada um dos dez gerentes executivos. O que você acha?

– Muito bom, prossiga.

– Quero também alterar o sistema de avaliações. Pretendo colocar as coisas mais objetivamente, atrelando os principais

indicadores em um sistema de pesos dependendo da contribuição de determinada gerência para cada indicador.
– Mas em sua empresa não é mais assim? – estranhou Publio.
– Bem, *teoricamente* a avaliação depende dos resultados, mas não está estabelecida uma fórmula matemática para cada gerente. Na prática tudo fica muito subjetivo.
– O *lá lá*! Vai ficar bom...
– E pretendo também, além do percentual de aumento do próprio gerente executivo, alterar as verbas para o aumento por mérito e promoção para o time de cada gerência, de acordo com seus resultados.
– Uau, isto tem a ver com a verdadeira generosidade! A cada um de acordo com sua contribuição para os resultados. Acho que vai funcionar.

Lima continuou, se entusiasmando:
– E pretendo utilizar todas as informações que peguei com os caras do Sindicato, filtrá-las escolhendo as exequíveis dentro de nossa política – existem muitas assim – e implantar as ações. Seria como um "pacote de bondades".
– Muito bom. Aliás, esse relato seu de como você agiu com o Sindicato merece meus parabéns. Você aplicou, de fato, a Inteligência Espiritual. Foi hábil o bastante para não entrar em uma discussão estéril e ainda os preveniu de que as coisas poderiam demorar um pouco. Saiu-se muito bem.
– Obrigado! E quanto à questão da comunidade, aquela do Fórum da comunidade de Areal?
– Minha opinião é a de que você pode e deve continuar participando dela. Aliás, como você está mesmo querendo. Deverão ser reuniões muito ricas, você certamente encontrará soluções para ajudá-los em muitas das questões que surgir. Acho que o tempo gasto nesta reunião será um bom investimento. É sempre muito bom estar próximo à comunidade onde nossas fábricas estão inseridas. E quanto à outra reunião, a do Conselho Deliberativo, concordo com você. Mande um de seus ge-

rentes executivos que lhe seja fiel e o represente bem. E *pau na máquina*!

– "Pau na máquina" é bom. Uma gíria bem dos nossos tempos, bastante incentivadora. Vamos lá! Ah, e a questão do romance entre funcionários?

– Amigo, nesta eu queria te dar um *feedback*: percebi que você ficou um pouco irritado por ter que resolver "mais este problema", provavelmente porque acha que não é de sua obrigação. Eu, porém, penso que é sim de sua competência. Você mesmo não constatou as proporções que um fato como esse pode assumir?

– Sim, Publio – disse um Lima ainda relutante – Mas o que faço? Você se lembra de que nenhuma das opções me parece adequada? O caso é muito difícil.

– Difícil, mas não impossível. Lembre-se: *Inteligência Espiritual* pressupõe não se abater com os problemas e sim tirar proveito deles para o aprendizado contínuo.

– E aí?

– Aqui na Unipetro – o grupo empresarial de Publio – nós temos uma política escrita com relação a isso. Facilita as coisas. As pessoas sabem o que as espera se incorrerem em uma coisa como esta. Pelo visto vocês não têm uma política escrita; então você vai ter que construir uma solução. E tenho certeza de que você vai resolver a contento. Sem ser demitido como seu colega – e riu.

Lima também riu. Esse momento da conversa foi particularmente bom, todos os assuntos eram sérios demais; um pouco de descontração fez bem aos dois. Continuou:

– Diga: e quanto às autoridades e à mídia?

– Espera aí, já que estamos na sessão de *feedbacks* para melhoria, aqui vai mais um: acho que você não está tratando aquele seu fornecedor como deve! – referindo-se ao insistente diretor da *Biossoluções*.

– Mas nem é ainda meu fornecedor – protestou Lima.

– Se fosse um cliente em potencial, o que você faria?

– Bem, nesse caso eu o atenderia, é claro.

— E como você gosta de ser tratado enquanto fornecedor? Bingo. Publio não precisava explicar mais nada. Mas continuou, didaticamente:

— Pela sua expressão facial, percebo que você já se deu conta. Sim, temos que tratar os outros como queremos ser tratados, não é verdade? Mas há pelo menos mais um ponto também importante. Lembre-se das aulas de Qualidade que você teve.

— "O seu fornecedor faz parte da sua cadeia produtiva. Trate-o com o mesmo respeito com o qual trata seu colaborador" — recitou Lima.

— É isso aí. Respeito é bom e não custa muito. Mesmo que você esteja muito ocupado, peça para alguém retornar a chamada para ele. E lembre-se: o fornecedor está fazendo o seu trabalho. E acho que você já percebeu que há fornecedores muito confiáveis, cujo maior desejo é obter a sua fidelidade, não o lucro fácil.

— O.K. Captei totalmente a mensagem e concordo. E quanto à minha pergunta sobre as autoridades e as mídias?

— Esse tema é realmente complicado. Acho, porém, que ajuda muito, além de ter resultados efetivos nas questões de SMS — Saúde, Meio Ambiente e Segurança — aproximar-se o mais possível desse povo. É mais fácil, depois de um contato inicial em um momento sem crise, lidar com eles por ocasião de uma crise. Você não acha?

— Sim, tem razão. Aliás, eu cheguei a começar um programa de reuniões. Escolhemos uma relação de autoridades: Prefeito, Presidente da Câmara, Deputados da região, Comandante do Batalhão de Polícia Militar, Desembargador-chefe, Diretor do órgão ambiental, Promotor do Meio Ambiente, mas não incluí a mídia. E como também tivemos muitas crises, acabou que paramos de fazer as visitas. Na verdade mesmo, fizemos uma só visita. Esta que conseguimos fazer foi muito positiva, na minha avaliação. Eu fui com um dos meus gerentes executivos, que é um dos meus substitutos — são três — e disse que fui me apresentar simplesmente, sem pedir nada, nem dar palpites. Só conhecer. Pena que não deu tempo para visitar o Desembargador. Talvez se o tivesse feito, aquele pedido do Juiz não seria essa "saía tão justa" como foi!

– Deixe-me aproveitar para te dar uma opinião a respeito desse último caso. Mais uma vez penso que você se saiu bem, mas falta terminar o assunto, não é?!

– É verdade. O que você faria?

– Bom, eu não conheço totalmente a sua realidade, mas eu creio que o pedido é impraticável, não é?

– É verdade, Publio.

– Então, minha sugestão é: *foco na verdade*. Ligue para o Juiz, explique a situação que você vive, não precisa entrar em detalhes, mas diga a verdade. Que está com muitas demandas internas e que o pedido dele implicará em um desgastante processo junto ao conselho do Grupo NACIONAL, o qual você não tem condições de empreender neste momento. Seja firme no *conteúdo*, mas *brando* na forma de falar. Se possível, ofereça algo que está ao seu alcance de forma mais fácil e imediata.

– Legal. Vou por este caminho. E quanto às reuniões com as autoridades?

– Lembra-se do Rodrigues, Gerente da fábrica em que você trabalhava em nosso Grupo?

– Sim, claro.

– Então, ele usava muito uma frase, que eu gosto muito, "é preciso pregar os pregos até o fim". Ele queria dizer que a gente, na vida profissional, e mesmo na pessoal, dá início a um montão de coisas e acaba não conseguindo finalizar a maioria. Então, tanto nesse caso específico das visitas às autoridades, como em suas outras ações, minha recomendação é essa: pregue os pregos até o fim!

Era quase meia-noite. Que reunião produtiva, pensou o executivo do NACIONAL.

– Serei eternamente grato, Publio. Você realmente é um grande amigo e muito sábio.

– Menos, Lima, menos. A gente sempre faz o que pode e todos temos muitos pontos de melhoria. Sei bem que estou longe de ser perfeito...

– Mas saiba que me ajudou muito, muito mesmo. Sinto-me fortalecido e aliviado. E ainda tem o fato de que você trabalha em uma empresa de outro Grupo, é muita bondade sua me ajudar.
– Cuidado para não me deixar vaidoso, amigo. Na minha avaliação, nossas empresas não são concorrentes, na verdade são complementares.
– Na realidade, eu também acho o mesmo. Por isso te procurei. Bem, agora vamos descansar.
– Você não vai sair daqui sem uma recordação minha, senhor diretor do importante complexo fabril de Areal!
E tirou de um armário uma linda blusa verde com o nome de sua empresa. E também um prático conjunto de ferramentas de relojoeiro.
– A blusa impermeável é pra você se abrigar das pequenas tempestades que certamente vai ainda enfrentar. E as ferramentas são para você atuar com precisão para apertar os "parafusos" nos pontos que você certamente vai ter que arrumar – e novamente riu.

Deram-se outro longo e afetuoso abraço. E abraçados caminharam até o veículo de Lima, onde o fiel motorista Paulinho o esperava. Lima fez questão de apresentá-lo ao Publio, que, como de costume, o tratou com intimidade e calor humano.

"Ganhei meu dia", pensou Lima enquanto voltava para casa. "Aliás, acho que ganhei mais que um mês inteiro!"...

◀ **Capítulo III** ▶

Batendo os Pregos até o Fim

Carlos estava animado, depois da conversa com Publio. Tinha enxergado, ao meio do tiroteio, uma luz no fim do túnel. Mas ainda estava um pouco angustiado. Era muita coisa a fazer...
    Vera o tirou de seus pensamentos:
    – E aí, pensando na morte da bezerra?
    – Mais ou menos, querida. No meu caso a bezerra é a fábrica e com ela irá meu belo emprego.
    – A coisa está tão feia assim? – assustou-se Vera.
    – Não está nem pior nem melhor que quando conversamos da outra vez. O que é ruim. A diferença é que decidi agir mais e mais rapidamente.
    – Não me diga que você vai trabalhar ainda mais tempo? Eu já acho que você trabalha muitas horas... Na verdade, faz tempo que eu queria te perguntar: não dá para trabalhar menos e ganhar menos?

– Não dá, Vera. O mundo corporativo ainda é muito duro. Eu penso que, com a grande demanda da sociedade por uma melhoria na qualidade de vida das pessoas, a tendência é que, no futuro, as empresas se organizem para que as pessoas trabalhem menos horas. Mas por enquanto não é possível, temos que ralar.

– Mas por quê? Eu, por exemplo, fiz a opção de trabalhar menos e ganhar menos. Não precisamos ganhar e gastar esse caminhão de dinheiro todos os meses...

– É diferente, Vera. No seu consultório – Vera era uma excelente psicóloga – você pode regular a demanda, diminuir o número de pacientes. Nas corporações as coisas não funcionam assim.

– Então você está querendo dizer que vai trabalhar ainda mais? Olha, acho que nós – eu e as meninas – estamos no limite quanto à sua ausência de casa.

– Aprecio a sua sinceridade. Vou arrumar tempo dentro das 12 horas que já trabalho, para virar o jogo e não deixar a "bezerra" morrer.

– Não dá para diminuir?

– Diminuir não, seria demais. Dá-me um abraço daqueles gostosos, fortes.

E os dois se abraçaram. Carlos sentia que nesses abraços recebia muita energia positiva. Sabia que iria precisar de muita.

No outro dia, lá estava Carlos, novamente na pele do Engenheiro Lima, no seu escritório. Começou a pensar sobre como conseguir tempo. Lembrou-se do terceiro hábito do festejado livro *Os Sete Hábitos de Pessoas Altamente Eficazes*, de Stephen R. Covey: *Primeiro, o mais importante*.

Traçou em uma folha de papel o gráfico que já vira algumas vezes, inclusive no seu mestrado em gestão. O gráfico mostrava, em um dos eixos, a **importância** de um assunto, e no outro eixo, a **urgência** do mesmo. Dependendo então da importância e da urgência via-se em que quadrante cai o assunto a ser tratado:

Capítulo III: Batendo os Pregos até o Fim

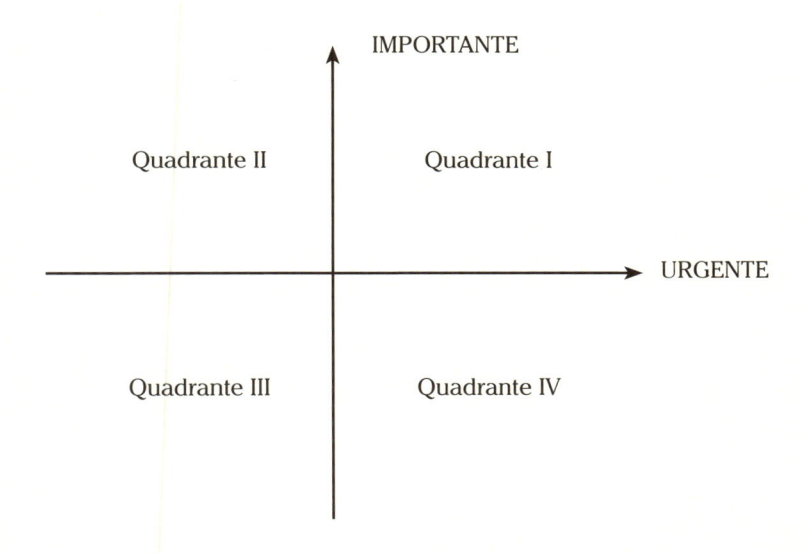

	IMPORTANTE	
Quadrante II		Quadrante I
		→ URGENTE
Quadrante III		Quadrante IV

Lima sabia que tinha que trabalhar muito no quadrante II: era fazendo as coisas realmente importantes que iria obter resultados. Além disso, um assunto importante do quadrante II não tratado vai passar mais cedo ou mais tarde para o quadrante I ou vai contribuir para que apareçam cada vez mais incêndios para serem apagados, "com a corda já no seu pescoço" – as importantes e urgentes! E tratar coisas importantes sem muito tempo para pensar pode vir a acrescentar problemas ainda mais difíceis.

Sabia também que deveria eliminar ou diminuir muito as tarefas dos quadrantes III e IV.

Toca o telefone.

– Engenheiro Lima – diz a secretária – é a Suely. Pergunta se pode subir para ver aquela questão da solenidade do aniversário da fábrica.

Lima teve um estalo. Disse:

– Não, diga que a partir de hoje, das 8 às 10h da manhã vou sempre estar ocupado com minhas próprias tarefas. Marque uma hora para ela subir.

E pensou: vou ganhar tempo também evitando interrupções, e assim diminuir o tempo gasto no quadrante IV – coisas urgentes e não importantes.

Carlos voltou sua atenção para o quadrante III – "Será que faço tarefas não urgentes e não importantes?". Sim, reconheceu para si mesmo. E enumerou mentalmente:

- Gosto de elaborar eu mesmo minhas apresentações em PowerPoint. Vou delegar sempre para a secretária da engenharia, que é craque nisso.
- Se eu vacilar, abro mensagens de e-mail que são bonitas, mas que não são para este momento. Essas, vou apagar sem ler.
- Perco tempo demasiado com a bandeja de entrada. Vou treinar a Dagmar – minha secretária, já.

Assim pensou, assim fez. Pegou o telefone.

– Dagmar, você dispõe de meia hora agora para conversarmos sobre a bandeja de entrada e sobre esses telefonemas?

– Sim, claro, chefe. Deixarei a Marga – a auxiliar – atendendo o expediente.

Dagmar entrou. Era esperta, entendeu rapidamente o que Lima pretendia.

– Olha só: eu preciso ganhar tempo, e você vai ser minha aliada importante nisso.

 Primeiro, a correspondência em papel. Quero que você abra todas, confio na sua discrição, e, se identificar claramente que pode ser descartado ou enviado para um dos nossos Gerentes Executivos, faça-o.

– Engenheiro Lima, eu tenho um pouco de medo de errar...

– É bom que você tenha medo, vai fazer você olhar com cuidado cada uma das correspondências. Mas confio na sua experiência e bom senso. No começo você pode ir perguntando as duvidas e qual sua opinião sobre o que fazer com este ou aquele papel. Se eu confirmar sua opinião, você vai ganhando confiança.

– Ah, assim penso que vai dar certo.

Capítulo III: Batendo os Pregos até o Fim

– Ótimo, Dagmar. Mais uma coisa a respeito do assunto. Cartas e documentos de autoridades você passa para mim, independentemente do conteúdo. E, naturalmente, do Diretor Geral de Operações também. Por falar nisso, enumere as autoridades, para confirmarmos que estamos tendo o mesmo entendimento.

Dagmar as enumerou.

– Ótimo. Você só se esqueceu do Diretor do Sindicato. Ele é uma autoridade também. Vamos agora ao outro assunto.

– Pois não, chefe.

– Como te falei quando a Suely ligou, a partir de hoje, das oito às dez horas vou me dedicar a meus próprios assuntos. Só vou atender a emergências ou, é claro, a autoridades e diretores. Para todos os outros você diz que estou ausente no momento. Para qualquer Gerente Executivo, você pode dizer que estou trabalhando em coisas minhas, e marque um horário para ele.

– Mas, chefe, e o foco na verdade? Vou dizer que o senhor está ausente quando não está...

– Acho que neste caso o pecado é pequeno comparado com o ganho. É que tem pessoas que ficam ofendidas se você disser "ele está trabalhando, ou em reunião, não pode atender". E depois, você vai anotar o telefone da pessoa, que eu retorno a ligação assim que chegar dez horas. Fácil, não é?!

– Então vou deixar quinze minutos, das 10 horas às 10h15min na sua agenda, para esses retornos. E eu mesmo me encarrego de fazê-las para o senhor não se esquecer.

– Combinado, Dagmar. Obrigado! Considere que tivemos um "on thejob training" – treinamento no local de trabalho.

– Que chique, chefe! Obrigado!

"Mais um passo", pensou Lima. Lembrou-se da frase de Mao Tse Tung, o grande líder comunista chinês: "Toda grande caminhada começa com um pequeno passo". Sorriu, pois se lembrou de que essa frase tinha sido censurada no seu primeiro trabalho técnico escrito, por um gerente de matriz ideológica alérgica a qualquer coisa que viesse do mundo comunista, na época da Guerra Fria.

O seu tempo de reflexão e trabalho solitário naquele dia tinha acabado. E então respirou fundo e começou a atender pessoas, cobrar outras, correr e correr, em mais um dia típico de sua vida de executivo brasileiro.

Na manhã do dia seguinte, Vera já havia se levantado. O vento assobiava na janela, como a chamar Carlos para o trabalho. Outro dia, vamos continuar a "bater os pregos", pensou Carlos. E pulou rápido da cama. Cheiro de café, ele se deliciava com aquele gesto simples e tranquilo de passar manteiga no pão. Sem dúvida, estava descansando sua mente. Ela iria trabalhar bastante.

Trabalho forte, mas prazeroso. Chegou à fábrica, sentou-se à sua mesa e começou a refletir: "Bem, acho que já tenho delineado o plano para atacar os assuntos dos quadrantes III e IV. Vamos agora aos quadrantes I e II".

Ele sabia que as tarefas do quadrante II (as importantes e **ainda** não urgentes), se não atacadas com persistência, iriam acarretar um acúmulo das tarefas do quadrante I (as importantes e urgentes). Tinha então, que planejar rapidamente as tarefas do quadrante II (importantes, mas ainda não urgentes). Entretanto, havia já uma demanda para as tarefas do quadrante I. Se procrastinasse algumas decisões e tarefas, coisas ruins poderiam acontecer, algumas de grande gravidade. "Então vamos a elas", pensou. E escreveu no bloco à sua frente:

- Problema "sentimental" entre supervisor e estagiária;
- Dar resposta ao pedido do juiz;
- Atender ao fornecedor insistente;
- Implantar sistemática de atendimento ao cliente.

"Não eram muitos, mas podiam se tornar explosivos", pensou Lima. E imediatamente passou a "bater o primeiro prego".

– Dagmar, por favor, você tem o nome e o telefone daquele juiz que nos visitou? – perguntou pelo ramal interno.

– Sim – respondeu a sempre eficiente secretária – Quer que eu ligue?

Não era uma tarefa agradável, sabia Lima. *Mas precisava ser feita,* não adiantava empurrar com a barriga. E disse firme:
– Sim, faça a ligação.
– Bom dia – respondeu o juiz – Então Dr. Lima, que bons ventos o fizeram me telefonar? Já é a resposta daquele meu pedido?
– Bom dia, Doutor! O senhor se lembra daquela propaganda do Banco do Oeste? Ele se autointitulava "o Banco do sim ou não"; não enrolava o cliente – brincou Lima, tentando criar uma atmosfera mais favorável.
– Claro que me lembro. Prefiro assim mesmo.
– Ótimo, Dr. Celso! Olha; eu dei uma "assuntada" na diretoria e tive certeza de que, enquanto não resolvermos alguns problemas crônicos da fábrica, não teremos verba nem tempo para serviços adicionais, tal como o senhor nos pediu.
– Puxa, que pena!...
– Mas, veja, Dr. Celso: tenho alguns contatos na Associação de Engenheiros do Estado. Eu poderia pedir ao seu Presidente para fazer uma visita para o senhor. Eu penso que eles poderiam tranquilamente fazer o projeto do sistema de ar condicionado para vocês. O que o senhor acha?
– Bem, já é alguma coisa. De qualquer modo, obrigado pela atenção.
– De nada, meu caro doutor. Um bom dia.
"Ufa, consegui sair dessa", pensou Lima, enquanto desligava o telefone. E o Gerson, Presidente da Associação dos Engenheiros, me quebrará esse galho. Imediatamente pediu a ligação para o colega. Como previu, foi fácil convencê-lo a atender esta demanda. "É só o projeto, será uma oportunidade de mostrar a nossa competência e nos aproximarmos do judiciário", tinha argumentado Lima.
Pronto, primeira tarefa cumprida; vamos à segunda.
– Dagmar, mande chamar o Fernando do RH – pediu ele ao telefone. E esperou absorto, pensando no seu plano com relação ao próximo problema.

– Bom dia, chefe. Quer dizer que já abriu uma exceção ao "momento solo do DI"? – entrou Fernando, cheio de vitalidade.
– Que diabo é isso? Momento solo do DI? – perguntou Lima.
– É como estão chamando o tempo que você pediu para não ser importunado – falou sorrindo o Gerente de RH.
– Taí, gostei. Mas às vezes o momento não é tão "solo" assim, meu caro.
– O.K., chefe, pode dizer.
– Estive pensando naquele caso do Toledo com a estagiária. Alguma novidade?
– Não muito, mas a ameaça continua no ar. A esposa dele ainda ameaça "fazer barraco" – disse diretamente Fernando.
– Quem é o melhor amigo do Toledo aqui na fábrica?
– Sem dúvida é o Carlinhos, do mesmo setor dele.
– E como é esse Carlinhos?
– Parece ser um cara legal, Lima. O gerente setorial dos dois gosta muito dele.
– Então chame o Carlinhos aqui.

Enquanto esperavam, Lima expôs seu plano: iria dizer tudo o que pensava e que precisava dizer sobre o caso para Carlinhos, melhor amigo do Toledo. Ele certamente poderia ajudar.

Carlinhos chegou um pouco intimidado, afinal não era uma coisa corriqueira entrar na sala do executivo número um daquele complexo industrial.

Fernando e Carlos estavam estrategicamente sentados no sofá, objetivando uma aproximação maior com o colaborador, sem a presença intimidadora da enorme escrivaninha do Diretor entre eles. Quando entrou, imediatamente Lima identificou quem era o Carlinhos.

– E aí, Carlinhos? Outro dia vi que você comemorou muito a vitória do seu *Santos Futebol Clube*, você estava todo sorriso – disse Lima. – O seu gerente disse que você é um torcedor apaixonado.
– Sou sim, chefe. Mas parece que o senhor também gosta muito do seu Palmeiras, não é?!

– Sim, disse Lima, sorrindo. – É verdade. Sou tão palmeirense quanto você é santista. Sem mágoas.

Lima percebeu que havia quebrado uma barreira, colocando-se no mesmo nível enquanto seres humanos apaixonados por futebol; ele sabia que essa identificação deve ser verdadeira, e não forçada. Espontânea. E Lima tinha sido espontâneo, o que fez o ambiente mais tranquilo.

– Bem, Carlinhos, vou logo dizer por que o chamamos aqui, para quebrar logo qualquer ansiedade. Trata-se de um assunto não relacionado diretamente a você, mas a seu amigo Toledo.

– E do que se trata, chefe?

Carlinhos não abriu ele mesmo o jogo, e Lima achou isso bom.

– Penso que você sabe que o Toledo está tendo um caso com a Mírian, estagiária.

– Para ser sincero... sim, eu sei. Na verdade, eu gostaria de falar nesse assunto com ele, mas não me sinto à vontade. A Isabel, esposa dele, está sofrendo muito.

– Bem, se para você é difícil, imagina para nós – atalhou Fernando, que até então se mantivera calado.

– E vocês acham que é preciso entrar nessa?

Fernando então explicou com detalhes a repercussão negativa que o caso poderia ter para a fábrica de Areal, e até para o Grupo NACIONAL.

– E qual é o plano de vocês? Por que me chamaram?

– Na verdade, queremos te dar uma espécie de respaldo oficial para tocar no assunto com o Toledo. Você pode iniciar o diálogo dizendo que eu o chamei para uma conversa a respeito – disse o diretor da NACIONAL.

– Bem, creio que isso vá facilitar o fato de eu tocar no assunto. O que acham que devo dizer?

– Olha, Carlinhos, exatamente o que dizer, nós pensamos que você tem mais condições de saber, mas, em linhas gerais, é dizer que ele está nos colocando, com sua atitude, em uma posição bastante difícil.

– Posso então falar que o desejo de vocês é que ele termine com o romance?

– Mesmo que desejássemos isso, acho que não temos esse direito de pedir, sem nenhuma outra opção para ele. Vou te dizer o que penso que seria correto, se fosse comigo, e aí sim, você pode contar a ele esta nossa conversa.

– O que seria?

– Bem, Carlinhos, eu no lugar dele, e por mais doloroso que fosse, tomaria uma decisão. Ou assumia meu romance, saindo de casa, ou terminaria o romance e diria isso diretamente para minha esposa.

– É, acho que você tem razão. É isso que vou falar para ele. Aliás, pensando bem, esta também é minha opinião.

– Boa sorte então! E mantenha o nosso Fernando informado. Nós precisamos acompanhar isso. Por falar em sorte, eu espero que seu time não tenha tanta sorte como teve na última partida!

– Que sorte, nada. Com todo respeito, seu time foi muito fraco!

– Veremos... – disse Lima sorridente. E se despediram.

– "Alea jacta est"! – disse Fernando, após Carlinhos sair.

– É, a sorte está lançada – traduziu Lima. – Só nos resta agora esperar.

E, despedindo-se, voltaram ambos para a correria de sempre, cada um apagando seus incêndios.

Mais um dia. Lima estava gostando de ter aquelas duas horas por dia, todas as manhãs, para tratar de **suas** prioridades. Sentia que estava conseguindo, pelo menos nesses momentos, empurrar a roda, e não ser atropelado por ela. Sensação boa, quase tão boa quanto ao cheiro de café com bolo de milho... Pensou: "Deixa de devaneio, bora resolver de vez os urgentes."

E imediatamente pediu para a secretária ligar para Miranda, o Gerente Executivo da área de Produtos Acabados.

– Bom dia, Miranda. Olha só, tem um fornecedor que me ligou várias vezes, diz que pode nos ajudar a respeito do enquadramento de fenóis.

A área de Miranda era responsável também pela lagoa dos efluentes líquidos.
– Sim, chefe. O que devo fazer?
– Eu gostaria que você ligasse para ele e visse o que tem de fato para nos oferecer.
– Ih, chefe, esse caras estão sempre querendo tirar uma casquinha da gente; acha que vale mesmo a pena?
– Eu pensava como você, mas o fornecedor pode ser sim uma solução para nossos problemas.

E repetiu os conceitos que tinha reforçado na conversa com Publio, o seu amigo diretor da fábrica vizinha. Lima sentiu que Miranda não estava convencido com os argumentos. Mesmo assim, passou o nome e telefone do contato. Terminou dizendo:
– De qualquer forma, faça o contato. Quero que você converse pessoalmente com ele.
– Sim, chefe. Você manda.

E se despediram. "Bem, vamos dar um voto de confiança ao Miranda", pensou Lima. E passou para o último item de sua lista de "urgentes".

– Dagmar – chamou ao telefone. – Por favor, marque para mim uma reunião com o Leal, Gerente de Produção I, e Vítor, Gerente Executivo da área comercial. Verifique se têm disponibilidade para hoje mesmo à tarde.

Três horas da tarde. Lá estava Lima à mesa de reuniões, esperando por Leal e Vítor. E nada. Lima tinha decidido que iria SEMPRE começar suas reuniões no horário. Percebeu que para implantar tudo o que tinha que implantar para mudar os resultados da fábrica teria que começar pela disciplina. Disciplina significa "fazer o combinado na hora combinada". Mesmo que o combinado seja com a gente mesmo. E a melhor forma de começar a implantar a disciplina é pelo cumprimento dos horários. Teria que dar sinais claros de que as coisas eram para valer, prosseguiu em pensamento. Mas nesse caso estava amarrado. Não poderia começar a reunião, sozinho. Ainda não tinha atingido esse grau de loucura, sorriu. Rir da própria situação, eis aí uma coisa que Carlos sabia fazer, e isso o ajudava muito.

Foi nesse clima que recebeu, com vinte minutos de atraso, os seus dois Gerentes.

Como de hábito, entraram se desculpando pelo atraso. Ensaiaram dizer o que os tinha retido.

– Vamos parar por aí – disse Lima, em tom bem áspero. – Claro que ninguém aqui se atrasa de propósito. Ou há alguma noiva aí?!

Os dois emudeceram. Lima abaixou o tom de voz, para dar o *feedback* firme, porém esforçando-se para ser em tom amoroso, como havia aprendido.

– Desculpem-me pelo meu destempero, mas o *feedback* é necessário. Nós temos que nos organizar para cumprir os horários. Isto é o mínimo que espero de vocês. Vocês tinham a opção de marcar outro dia, outro horário. Mas se marcamos para as três horas da tarde, tem que ser às três horas da tarde. Vejam, não dispomos de muito tempo, não é verdade? Quando nos atrasamos, além de desrespeitar os outros, estamos penalizando a produtividade daqueles que ficam esperando. Vocês são dois de meus melhores gerentes, têm que me ajudar a disseminar essa questão de pontualidade e não serem os primeiros a esculhambar com a determinação! Espero que tenham entendido minha mensagem.

– O.K. – responderam em uníssono os dois.

– Bem, vamos então passar ao assunto da reunião: vocês dois se lembram do caso de contaminação do polipropileno entregue a dois clientes, não é?

– Claro que sim, Lima – disse Leal. – Mas acho que fomos rápidos na solução...

– Sim, é verdade. Mereceram elogios na ocasião. Mas vocês se lembram de quem levantou o problema para nós?

– Não foi o Raimundo, diretor geral de Processos? – perguntou Vítor.

– Isso mesmo, Vítor. Estamos aqui justamente para pensar em uma maneira de: a) ter um canal direto dos clientes para a nossa fábrica; b) esse canal tem que funcionar. Bem e rápido.

Capítulo III: Batendo os Pregos até o Fim

– Só se colocarmos em nossas embalagens um telefone e um e-mail de contato.
– Mas isso garante que vão nos contatar em caso de manifestação?
– Só isso, não. Mas posso também fazer um programa de visitas aos clientes para divulgação – disse Vítor.
– E que tal, nessas visitas, levar um brinde onde conste nosso telefone e e-mail? – perguntou o diretor.
– Parece bom, mas que tipo de brinde?
Leal entrou na conversa:
– Tem que ser algo não descartável. E atraente.
Lima olhou para sua mesa e viu uma garrafa de água de plástico, bonita, dessas que se usam em academias de ginástica.
– Que tal umas dez garrafas destas por cliente? Hoje em dia vejo muitos executivos e funcionários de escritório com uma dessas na mesa; a ordem é beber muita água. E é mais ecológico ter uma garrafa que utilizar aqueles copos descartáveis.
Os três concordaram que tinham chegado ao brinde certo.
– E, claro, colocamos nosso telefone e nosso e-mail em destaque. Com algo do tipo "problemas com o produto? Entre em contato" – disse Vítor.
– Muito bom – disse Lima. – Mas temos que estar preparados. Vamos colocar o telefone e o e-mail do Coordenador de turno da fábrica. E eles devem estar instruídos para:

a. tentar resolver de primeira o problema do cliente;
b. se for muito difícil, passa para você, Leal;
c. você passa para um solucionador, que terá dois dias úteis para resolver.
d. o cliente é avisado desse tempo;
e. quando tivermos a solução, o cliente recebe a informação dentro do prazo;
f. todos os e-mails com cópia para você, Leal.

– E se o solucionador não responder? – perguntou Leal.

– Aí, você envia o caso para mim, que eu darei um jeito para que o solucionador realmente solucione! – disse rindo o DI. – Bem, mãos à obra. Por favor, Vítor, escreva um procedimento a respeito, que deverá ser enviado para todos os Coordenadores de turno, seus substitutos, Gerentes e solucionadores escolhidos conforme seja o caso, dentre os Gerentes setoriais de Engenharia de Processo e de Produção. Uma semana está bem?

– Um pouco mais, chefe, para termos os brindes prontos. Que tal 20 dias?

– O.K., mas vou cobrar. E obrigado, acho que encontramos um caminho para que o nosso cliente nos encontre em caso de problemas. Bom trabalho.

– Bem – pensou Lima – aqueles problemas que cataloguei como importantes e urgentes tinham sido "atacados". Amanhã vamos começar os importantes que ainda não estão "pegando fogo".

"Fogo!". Foi justamente esta palavra que Carlos ouviu de um excitado Leal ao celular, na noite daquele mesmo dia. Carlos estava tranquilamente jantando com sua família em uma pizzaria quando tocou o celular. Era o aviso que havia fogo na Unidade de Polietileno. A brigada já estava combatendo; felizmente não havia – ainda– vítimas.

Laura, sua filha mais velha, parecia ter-se assustada mais que seu pai. Ficou branca. Em conversa posterior, ela lhe explicaria que a própria expressão do rosto do pai é que tinha dado a ela a extensão da tragédia.

E não era para menos. No trajeto, em seu próprio carro, após comunicar o fato ao Diretor de Operações do NACIONAL – este pelo menos tinha experiência suficiente para ser objetivo e tranquilo ao telefone, dentro do que a situação permitia – Carlos ia pensando: "Qual a extensão do incêndio? Será que vai sobrar alguma coisa? Haverá vítimas? E a comunidade no entorno?". Mas também pensou, com um sorriso: "É, acho que nem os espanhóis irão comprar a fábrica, é capaz dela se fechar sozinha". E sorrindo, se acalmou um pouco.

Às 3 da madrugada, saiu da fábrica, voltou para casa e descansou um pouco. Às oito e meia, estava lá de novo. Das 9h às 11h, tinha feito reunião com todas as áreas envolvidas nos reparos: Manutenção, Suprimentos, Produção e Segurança.

Era a quarta vez que falava no celular com Maia, o Diretor de Operações, seu chefe, num espaço de doze horas.

– Chefe, estou ligando agora para te dar uma posição de quando a Unidade voltará a produzir. Já tenho um prazo: cinco dias, trabalhando 24 horas por dia.

– Bem, dentro do cenário sobre o qual você foi me colocando a par, me parece razoável. Vocês pelo menos são bons para acudir emergências; não houve vítimas e o dano se concentrou em uma das áreas da fábrica. Mas, Lima, é meu dever te dizer que vocês "gastaram" o último cartucho. NÃO PODE MAIS HAVER EMERGÊNCIAS DESSE TIPO! Veja que teremos nova perda de produção.

Lima sabia o que essa frase queria dizer. Tinha ainda menos tempo do que pensava para reverter o jogo. Disse:

– O.K., Maia, entendo sua posição. Posso te pedir uma coisa?

– Você não está muito em condições de pedir, mas vamos lá, falar não custa nada.

– Quando transmitir as últimas informações para o Presidente, diga, por favor, que a equipe da fábrica de Areal promete solenemente que vai virar o jogo. E rápido. Ou...

– Ou?

– Pode mudar toda a equipe de Gerentes, a começar, é claro, por mim.

– Está bem, vou transmitir.

Clique. E novo frio na barriga. Sabia que, ou viraria o jogo ou sua carreira na NACIONAL estava terminada.

O que era importante, mas não tão urgente, tinha virado urgente. Teria que melhorar "a jato" os resultados de Produção e de Segurança da Fábrica.

Foi com esse espírito que se reuniu, à tarde, com o Gerente de Produção da área I, o técnico em que mais confiava. Leal esbanjava energia e vitalidade. Era também franco e direto, qualidades que Lima apreciava bastante. Mas não era metódico. Como homem de Produção, Leal era fascinado pelo dia a dia; gostava daquela correria, das decisões rápidas. Sabia motivar sua turma, mas não era homem de se ocupar com eventos já passados, ou de trabalhar em assuntos cujos frutos ele não tinha certeza deque iria colher.

Assim, Lima sabia que Leal teria que ser o primeiro a ser convencido, como Gerente Executivo de Produção, e, portanto, Coordenador natural do Grupo de Melhoria Contínua.

– Se quisermos resultados diferentes, vamos ter que fazer as coisas de forma diferente.

– Einstein, chefe? Foi ele quem proferiu essa frase, não foi?

– É Einstein sim, Leal. O que você acha dessa frase dele?

– Parece boa. O difícil, porém, é descobrir **o quê** fazer diferente.

– Eu estou certo de que sei a resposta, Leal. Passa pelo Grupo de Melhoria Contínua, coordenado por você.

– Está dizendo que a culpa é minha?

– Não ponha na minha boca palavras que eu não disse, meu caro. Você faz parte do problema, é certo. Mas faz, mais ainda, parte da solução.

– Mas, chefe, você acredita mesmo que aquelas análises feitas a posteriori, com engenheiros e técnicos perdendo horas e horas analisando, em vez de correr atrás do que é importante, vai salvar nossos resultados?

– Se você não acreditar e não colocar energia nisso, não vai funcionar mesmo! Eu te garanto que funciona! Foi isso que fizemos na fábrica de Fazenda Celisa, e veja agora os resultados: é a primeira do ranking. E nós, com esse incêndio, eu acho que vamos ficar na rabeira neste mês. Corremos muitos riscos profissionais, Leal. Nós e toda a equipe.

– Tá bem, Lima. Vou colocar energia, mas deixe eu te confessar uma coisa: tenho certas dificuldades com a organização das informações, como estabelecer as datas das cobranças; enfim, com o trabalho burocrático.

Capítulo III: Batendo os Pregos até o Fim ◄ 53

– O que você chama de trabalho burocrático é o que podemos chamar de "software" do GMC (era esta a sigla do Grupo de Melhoria Contínua). As pessoas são o "hardware", sem elas você não consegue nada.
– E nós, onde estamos nessa?
– Nós somos aquela pecinha que fica entre o teclado e a cadeira em frente ao computador. Sem nós, tanto o "software" (procedimentos) como o "hardware" (pessoas) não têm os impulsos necessários para fazerem aquilo que nasceram para fazer.
– Falando assim está bonito. Mas então digamos que eu sou mais afeito ao hardware que ao software...
– E se eu designasse o Cid, Gerente Executivo de Engenharia, como subcoordenador do GMC, e pedisse a ele para te ajudar com o "software" – organização, não burocracia – o que você acha?
– Legal, Lima; acho que assim melhora bem.
– Então, vamos já marcar duas reuniões para amanhã e uma para depois de amanhã: a primeira com os demais Gerentes Executivos. A segunda com todos os Gerentes Setoriais, engenheiros e técnicos. E a terceira com os membros do GMC, em uma reunião extraordinária da qual eu participarei. Vamos dissecar quais foram as causas básicas do incêndio a que acabamos de presenciar. Vamos bloquear as causas básicas para evitar quaisquer repetições.
– Puxa, você está otimista, chefe!
– Estou certo de que vamos sair dessa situação – retrucou Lima. Não disse o que pensava nesse instante: "Não tenho alternativa, senão ser otimista".

Dez horas da manhã. O tempo chuvoso naquela região, em janeiro, era bem-vindo. A sala de reuniões parecia mais aconchegante. Lima contou o número de Gerentes Executivos presentes. Lá estavam seis dos dez que respondiam a ele.
– Bom dia a todos – começou ele. – Obrigado por cumprirem o horário combinado. A partir de agora, vou começar as reuniões sempre no horário, independentemente do "quórum".

Precisamos implantar a disciplina operacional e vamos começar pelo que podemos chamar de "disciplina radical". Sempre com horário cumprido, tanto para começar como para terminar. Isso vai exigir também muita objetividade nossa. Conto com vocês para disseminar esta pontualidade radical por toda a fábrica. Isto depende basicamente de vocês.

Alguns fizeram sinais de aprovação; outros, mostravam nas expressões algo entre incredulidade e resistência. "Faz parte", pensou Lima. E continuou:

– Vocês foram informados de que o motivo desta reunião é falarmos sobre o incêndio na UPT (sigla da Unidade de Polietileno) e também sobre o GMC. Quero inicialmente informar que o emprego de todos nós está correndo sérios riscos. Na verdade, a situação da nossa fábrica está quase insustentável e o nosso Escritório Central vem dando os piores sinais possíveis.

Neste momento entram na sala Valmir, o Gerente Executivo de Processos, e Sheila, a Gerente de Serviços Gerais. Pedem desculpas e esboçam um início de explicação.

– Não precisam explicar nada. Vocês certamente têm muito mais coisas para fazer do que nós seis que chegamos no horário – cortou Lima, com planejada ironia. – Acho que nós não temos *p*... nenhuma para fazer, e por isso pudemos estar aqui na hora combinada. Não vou repetir o que já falei. Por favor, após a reunião se inteirem com algum dos colegas.

E continuou:

– Ainda não analisamos no detalhe a ocorrência do incêndio, mas com as informações que temos já sabemos que ocorreram várias falhas de pessoas. A indisciplina operacional para mim é a praga que vem minando nossos esforços. Temos que acabar com ela. Caso contrário, ela vai acabar conosco. Eu planejava deflagrar essa série de reuniões com mais calma, porém o incêndio precipitou as coisas. Temos que mudar rapidamente.

– Você não está sendo muito pessimista, Lima? – perguntou Valmir, de Processos.

– Não estou, meu caro. A diretoria da empresa vê números, resultados, fatos e suas repercussões. E esses, você há de concordar, estão horríveis. É só comparar com todas as outras fábricas do Grupo NACIONAL.

– É verdade – atalhou Raul, do Planejamento Estratégico – neste mês nosso conjunto de indicadores será provavelmente o pior das treze fábricas.

– Continuando: a primeira coisa que quero lhes falar é sobre o Grupo de Melhoria Contínua, o GMC. Já conversei com o Leal, Produção 1, e o Cid, Engenharia, que vão tocar as reuniões. Esse grupo...

Lima foi interrompido pela entrada de Flávio, Gerente Executivo de Manutenção, e Sueli, Gerente Executiva de Relações Públicas, com o habitual pedido de desculpas e esboço de explicação. Lima repetiu quase as mesmas palavras que dissera quando Valmir e Shirley entraram atrasados, provocando mais um constrangimento. Nesse caso completou:

– E ainda chegando atrasados, vocês interrompem a linha de raciocínio. É sempre um distúrbio para quem deseja conduzir uma reunião objetivamente. Mas como dizia, o GMC tem como objetivo diminuir, se possível zerar, as ocorrências anormais que afetam a Produção, a Segurança e o Meio Ambiente. Como vimos no caso do incêndio recentemente, houve sério risco de termos vítimas graves e problemas com a comunidade, as autoridades, sem falar na perda de produção que vai durar vários dias.

– O GMC – prosseguiu – vai analisar todos os Relatos de Ocorrências Anormais (ROA), desde as pequenas anormalidades até as maiores, como a deste incêndio. Ele é composto pelo GE de Produção I, que é o coordenador, o GE de Engenharia, que acabo de nomear subcoordenador, o GE de SMS, o GE de Produção área II e o Gerente de Manutenção, além de todos os Gerentes setoriais ligados às gerências mencionadas.

– Um dos problemas que temos – aduziu Leal – é que a maioria das ocorrências não gera ROA, as pessoas não emitem o papel. Precisamos do apoio de vocês para que nenhuma anormalidade fique sem o seu respectivo ROA. A ideia é que vocês fiquem atentos e cobrem do seu pessoal pela emissão, sempre que for o caso.

– Mas nós teremos muitos ROAs. Às vezes isso não gera muita entropia para pouco trabalho útil? – perguntou Hugo, da SMS.

– O que abunda não prejudica – retrucou Lima, sorrindo por causa do cacófato e desanuviando um pouco o ambiente.

– Uma das funções do grupo é definir quais os ROAs que não serão tratados, por já terem tido tratamento pela estrutura, ou por não ter um risco potencial alto. E principalmente escolher aqueles que serão tratados.

A diminuição das anormalidades virá com a análise adequada dos ROAs emitidos, visando eliminar as causas básicas. A experiência mostra que algumas causas básicas são comuns a muitas anormalidades. Bloqueando essas causas ou as causas-raiz, conseguiremos evitar muitas novas ocorrências.

– Parece lógico – disse Fernando, de RH. – E porque não tem funcionado? Ele já existe desde o seu primeiro mês como Diretor da Fábrica, já faz uns meses, não é isso?

– Não é um trabalho de curto prazo – respondeu Lima. Não existe uma "bala de prata" ou uma varinha mágica que resolva de imediato os problemas. A entropia, uma certa confusão, vai sempre existir. O que necessitamos é diminuí-la.

E continuou:

– O comitê de GMC, aquelas pessoas citadas anteriormente, vai basicamente atacar duas frentes:

   a. A evolução do tratamento dos ROAs, para os quais foram formados os Grupos de Análise de Ações (GAA).
   b. Decidir para quais ROAs do mês serão criados os GAAs. E definir na hora a formação dos grupos, nomeando um Coordenador para cada grupo.

– Outro dia vi um caminhão de entregas com os pneus excessivamente carecas – disse Vítor, do Comercial. – Deveria ter aberto um ROA?

Capítulo III: Batendo os Pregos até o Fim ◀ 57

– Sim, é claro. Lembre-se de que somos responsáveis também pela segurança de nossos fornecedores, quando aqui dentro da fábrica. E os acidentes podem refletir em muitas outras áreas!

– Permita-me um aparte – disse Cid, da Engenharia – Outra ação que vamos precisar dos Gerentes Executivos é darem a maior força para o GMC, liberando as pessoas para trabalhar nos GAAs e reforçando a sua importância junto a seus colaboradores.

– Obrigado, Cid, pela lembrança. Então, o negócio é fazer rodar bem o GMC. É a nossa maior prioridade.

– Mas, chefe – perguntou Vítor, do Comercial – e os esforços de vendas, como ficam?

– Vítor, talvez você não tenha compreendido a gravidade da situação. Sem o GMC funcionando, não haverá produto para você vender, *capisce*? Não estou dizendo para todos pararem suas atividades, mas fica claro que a prioridade é do GMC, O.K.?!

– Dentro desse conceito – disse Cid, da Engenharia – o que acha de fazermos uma análise de todos os Projetos de Reforma que temos? Paramos aqueles que visam nos dar melhoria, até de rentabilidade, e ranqueamos os que têm a ver como o aumento da Confiabilidade e da Segurança. E ainda penso que sobrariam recursos para aplicar nas ações frutos do resultado das análises dos GAAs. Algumas vezes é necessário mudar algo no projeto devido a uma Ocorrência Anormal.

– Muito bom, Cid. É uma ótima ideia. E mostra que você está realmente engajado neste processo, que para nós é de vida ou morte. Por favor, coordene uma reunião com os Gerentes Executivos afetados e tentem chegar a um consenso quanto às prioridades. As "bolas divididas", você pode trazer para mim que eu desempato.

– E as ações de RH? Imagino que é um componente importante dentro desse processo todo de mudança – falou um compenetrado Fernando.

– Claro, Fernando, as pessoas são a base de tudo. Eu estava comparando, ao falar com o Leal, os softwares aos procedimentos – eles nos dão o caminho a ser seguido. Mas se o hardware não funcionar direito, não existe software no mundo que funcione. E as pessoas, os nossos colaboradores, são como o hardware, se não funcionarem como esperado, não vamos conseguir fazer nada.

– Então devo continuar o DG (desenvolvimento gerencial) com a Fundação Dom Cabral?

– Sim, claro. Aliás, a esse respeito, eu trouxe um artigo, que traduzi e agora estou distribuindo uma cópia para cada um de vocês.

Pegou um maço de cópias do artigo, aquele mesmo que Publio, seu mentor, lhe havia dado, e continuou:

– Não temos tempo para dissecar este artigo todo agora, mas ainda temos tempo para algumas mensagens sobre gerenciamento baseado nessa liderança espiritual para motivar as pessoas. Por favor, acompanhem:

▶ Ninguém é obrigado a prometer nada para as outras pessoas, mas todo mundo é obrigado a cumprir o que promete.

▶ Em principio, confiem em seus colaboradores. A burocracia é a vitória da desconfiança sobre a eficácia.

– Chefe, vou interromper de novo – disse Vítor, de Comercialização. – E para aqueles colaboradores que insistem em não seguir os procedimentos, e às vezes até tentam nos enganar?

– Muitos aqui já viajaram para a Europa. Sabem que nos sistemas de transporte coletivos de lá não há a figura do cobrador, o próprio cliente carimba sua passagem, indicando que ela foi usada. Em principio, então, há a confiança, mas o que nem todos sabem é que existe um sistema de "blitz" por amostragem. E quando pegam alguém que tentou ludibriar não seguindo o procedimento, existem consequências rápidas e sérias para os infratores. E ainda fazem um barulho danado, algumas vezes até algemam o infrator. Isso é feito para, pelo exemplo, indicar o caminho a ser seguido.

– Chefe, o que você está dizendo, então, é que tudo deve ser bom e fácil para quem segue o combinado. E paulada para quem não segue as regras acordadas – disse uma sempre entusiasmada Sueli.

– É isso aí... Para terminar, vou citar algumas características, as três mais importantes da liderança espiritual que necessitaremos mais para esse processo:

- Visão do todo.
- Uso positivo das adversidades.
- Largar as ideias e opiniões que teve no passado e que não estão dando resultados.

– Bem, acrescentou, teríamos mais alguns assuntos, que são uma conversa sobre os nossos *valores* e um "pacote de bondades" que vamos deflagrar para os nossos colaboradores, visando à sua motivação para tudo o que necessitamos ver frutificar. Sobre o conjunto de medidas, vou discutir primeiro com o Fernando, do RH.

– Uma última pergunta, Lima, – disse Valmir, o Gerente de Processos – você está convencido mesmo de que o nosso sistema normal de trabalho não reverterá o quadro? Não será demais este esforço concentrado, desviando recursos de nossos processos normais?

– Vou citar uma frase do grande Mahatma Gandhi, para responder à sua questão, Valmir: "Você nunca sabe que resultados virão de suas ações, mas se você não fizer nada, ***não existirão resultados.***"

E assim encerrou a reunião.

Agora Lima estava em um auditório. Dezenas de pessoas, um público composto por alguns Gerentes Executivos, todos os Gerentes Setoriais, todos os Supervisores e todos os engenheiros da Fábrica de Areal estavam atentos, entre curiosos e preocupados. Afinal, tinham sido convocados "para um assunto muito sério".

Tenho que convencer ***este público***, pensou Lima. É com eles que vamos virar o jogo. Começou:

– Boa tarde a todos. Convoquei vocês porque, juntos, precisamos vencer um inimigo que se está mostrando muito perigoso. Até agora venceu a maioria das batalhas contra nós – o corpo gerencial e técnico – desta unidade. Nossos resultados, neste ano, de Produção e Segurança, até agora são muito ruins, nos colocando como últimos no ranking do NACIONAL. Isso atesta que o inimigo está vencendo. O inimigo é o conjunto das falhas, tanto operacionais, como nos equipamentos. As tropas desse inimigo estão muito fortes neste momento. São compostas da falta de qualificação de nossa mão de obra contratada, o não seguimento de procedimentos escritos, a falta de *check--lists* e de procedimentos e, também, de muitas atitudes inadequadas. Portanto, o remédio será a implantação da disciplina operacional.

Fez uma pausa. Olhou fundo nos olhos de algumas pessoas que sabia que eram chaves, formadoras de opinião. E continuou:

– Não sei se todos sabem, mas estudei profundamente o comportamento humano, ao estudar Confiabilidade Operacional. E estou convencido de que implantar a disciplina – que não é ter uma professora com uma régua grande batendo na gente, e sim **fazer o combinado na hora combinada** – é um processo educacional, uma mudança cultural. Para educar, mudar uma cultura, é necessário:

▸ O exemplo
▸ Uma boa comunicação
▸ Um bom sistema de consequências

– E vocês são as "janelas" pelas quais nossos colaboradores veem nossa fábrica e nossa empresa. Se vocês comprarem a ideia, certamente nossa organização toda vai trabalhar no sentido que necessitamos. Vou dizer agora quais as atitudes que espero que vocês tenham e que passem para suas equipes e contratadas:

a. A melhor maneira de evitar ocorrências é **se adiantando a elas**. Adiantar-se a elas significa seguir os procedimentos, elaborar procedimentos e *check-lists* quando não existirem e ficar atentos aos sinais anormais que tanto os equipamentos quanto as pessoas emitem antes de falharem.

b. Uma vez estabelecida uma ocorrência anormal, temos que aprender com ela, mediante o Grupo de Melhoria Contínua, o GMC. Nenhuma ocorrência anormal deve ficar sem análise – isso significa emissão de ROA, o Relatório de Ocorrência Anormal –, nenhuma análise sem recomendações, nenhuma recomendação sem um plano de ações, nenhum plano sem acompanhamento, até que todas sejam tomadas. *É preciso bater os pregos até o fim.*

c. Vamos acabar com a "farra" das intervenções nos equipamentos sem planejamento. Intervenções não programadas são ocasiões propícias para ocorrências anormais. Já existe um procedimento de aprovação de Intervenção e uma boa tabela de prioridades. Vamos segui-las. Mesmo!

– Alguma dúvida até aqui? – Carlos sabia o que viria. E realmente veio.

Valdir era um supervisor de seus quase cinquenta anos. Conhecia muito seu trabalho, mas bonachão demais com sua equipe. Bem falante, era popular pelo seu jeito de conseguir sempre colocar panos quentes nas coisas. Foi ele quem perguntou:

– O que o senhor quer dizer quando fala de Sistema de Consequências? As pessoas aqui não estão acostumadas com punições...

– Quero dizer, Valdir, não só que deve haver consequências negativas para quem não faz as coisas certas, mas também, e com mais frequência, que deve haver consequências positivas para quem *faz* as coisas certas. E consequência negativa não é só uma punição formal. Um bom *feedback* de melhoria dado com amor e exatidão costuma funcionar.

– Mas o senhor não acha que fica chato falar diretamente as coisas ruins para os nossos colegas?

– Para mim fica chato é não alcançar os resultados, perder o emprego, a função remunerada, ou até perder a fábrica e todos os postos de trabalho. Isso sim é que fica chato!

Paulo quase saltou da cadeira para falar:

– Me desculpe chefe, as coisas não são simples assim.

Paulo era o que se pode chamar de chefe durão e questionador.

– Temos sempre a intervenção contrária do Sindicato, que acaba sempre defendendo o peão, não importa o que ele faça de errado. Com esse Sindicato atrapalhando, nunca vamos chegar a nada!

– Gostei da sua intervenção, Paulo. É clareando e nominando os problemas que iremos resolvê-los. Quero te dizer que temos que acabar com esse clima de animosidade entre o Sindicato e a Administração da fábrica. Vamos peitá-los sim, quando necessário, mas vamos também ouvi-los. Nem sempre eles estão errados. Aliás, eu sei que eles têm algumas sugestões interessantes – disse Lima, lembrando-se de sua reunião com os dirigentes sindicais. – Repito: se for necessário tomaremos decisões antipáticas a eles, mas antes, temos que dar o primeiro passo no sentido de abrirmos o diálogo. E vamos fazer isso.

Continuou:

– O inimigo não é o Sindicato. O inimigo é a falha, e esta é uma luta de vida ou morte. A nossa viabilidade econômica depende do bom funcionamento dos equipamentos e dos procedimentos operacionais. Acho que vários de vocês já leram "A arte da guerra", não é?

Ante o balançar positivo de cabeças de várias pessoas, Lima acrescentou:

– Sun Tzu diz, em seu livro, que a excelência suprema está em quebrar a resistência do inimigo sem luta armada. E eu complemento: em uma fábrica, a excelência suprema não está em consertar as falhas, e sim em não deixá-las acontecer. Temos ainda, de conhecer o inimigo, segundo Sun Tzu. As análises bem feitas das causas básicas das falhas é que vão nos proporcionar o conhecimento desse inimigo. E por fim, temos que fazer o uso de "espiões". E nossos espiões são os monitoramentos *online* dos equipamentos, a vigilância operacional e o uso de *check-lists* para não cometer erros! Bem, penso que o recado está dado. Se Deus quiser, e meu palpite é que ele vai querer, nós vamos sair desta. Vamos descalçar essa bota. E vocês fazem parte da solução. Pensem nisso. Muito obrigado!

Na saída da reunião, Fernando, de RH, estava ao lado de Lima, caminhando junto.

– Acho que foi muito boa a sua fala. Mas você viu como as relações gerência-Sindicato estão deterioradas... Aliás, eles estão relativamente tranquilos ultimamente. Acho que o fato de você tê-los escutado aliviou um pouco a pressão. Mas não será por muito tempo.

– É verdade, Fernando, temos mais um conjunto de ações que têm que ser feitas a respeito. Diga-me: você pode ficar hoje até, digamos, umas 22 horas?

Fernando pensou naquela sua ex-colega também divorciada como ele, cujo encontro prometia. Mas disse:

– Dá-se um jeito, Lima. Posso dar um telefonema antes?

– Sim, claro. Marcamos então para as 17 horas, na minha sala.

Lima também tinha que dar um telefonema. Vera não gostou muito da notícia de sua hora extra em cima das horas extras, como ela dizia. Mas ao final, disse:

– O.K., quando você chegar nós conversaremos.

Ainda estava pensando no quanto gostaria de dar mais atenção à família quando Fernando entrou na sua sala.

– E então, chefe, vamos lá?

"Fernando sempre tão animado e disponível", pensou Lima. "Esse menino vale ouro". E começou:

– Lembro-me que você ficou curioso sobre minha conversa com os diretores do Sindicato. Mas ficou na sua, como sempre. Agora chegou a hora de utilizarmos os frutos daquela reunião.

– Você combinou algo com eles, chefe?

– Não, nada. Mas certamente o fato de eu ter ouvido e anotado suas sugestões e reclamações criou uma expectativa neles. Eles foram bem diretos. Muitas reclamações foram dirigidas às pessoas, geralmente gerentes e supervisores; já as sugestões foram sobre coisas bem práticas. Penso que você também tenha na cabeça varias sugestões para melhoria do clima, que tem recebido por outros canais.

– Tenho sim. Eu estava esperando o momento propício, e parece que esse momento chegou...

– Vou lhe pedir um pouco mais. Se for acima do que você pode, você me diz.

– Sou *todo ouvidos* – disse um Fernando entre curioso e preocupado.

– Veja, eles deram-me sua impressão sobre os nossos gerentes executivos. Nesses quatro meses que se passaram, observei bem os nossos colegas e conclui que os diretores do Sindicato exageraram ou até mesmo se equivocaram em alguns casos. Mas me parece correta a percepção em outros casos. Então, o que quero pedir, antes de eu dizer a percepção deles e a minha, é a sua percepção.

– Em tudo? Eu não teria condições.

– Não, só no quesito "justiça e equidade no trato com os empregados".

– O.K. Por onde começamos?

– Juntos, vamos colocar inicialmente todas as sugestões que você tem e as que eles deram. Quis ficar depois do expediente para escrevermos tudo.

– Mas aqui, chefe? Você é sempre muito procurado.

– Tem razão, Fernando. Onde?

– Há uma sala no meu departamento que é perfeita para ficarmos escondidos. – e riu.

Logo eles estavam na tal sala. Havia um grande quadro. Lima tomou cuidado para filtrar algumas sugestões que julgou fora de questão, como o pedido de participação nas decisões de escolha de gerentes, por exemplo. Fernando expôs suas sugestões baseadas no conhecimento das pessoas da fábrica.

Capítulo III: Batendo os Pregos até o Fim ◄ 65

Ficaram lá discutindo os prós e contras de todas aquelas "novidades" por bem mais de duas horas. Acabaram riscando mais ou menos a metade. Ficou um conjunto de medidas factíveis, cuja competência era do diretor da fábrica, do próprio Lima. Além disso, elas foram consideradas estratégicas sob o ponto de vista motivacional geral. No final, lá estava no quadro uma lista com os seguintes itens:

- Cursos de inglês ou espanhol para todos os empregados que desejarem, com acompanhamento do desempenho.
- Possibilidade de duas trocas de turno por mês, em vez de uma no máximo, como atualmente.
- Incluir, além de gerentes e alguns poucos engenheiros, uma cota para supervisores e executantes nos itens:
  - Missões ao exterior
  - Convites para espetáculos culturais
- Abolir a "quentinha" para os trabalhadores de turno. Adaptar salas na área para pequenos restaurantes com o mesmo tipo de serviço que o pessoal administrativo. Dá para usar o mesmo pessoal da limpeza para cuidar disso.
- Supervisores passam a ser escolhidos apenas pelo critério do mérito objetivo, com 20% da nota sendo dada pelos próprios colegas.
- O fato de o funcionário ser ligado ao Sindicato não deve ser critério para não ser promovido e/ou receber aumento salarial.
- Plebiscito para tornar iguais as cores dos capacetes, sem distinção por cargos.
- Aumentar para o dobro o número de massagens *antistress* – e no horário de almoço.
- Contratar uma equipe de fisioterapeutas para fazer avaliação individual dos empregados com relação à correção das posturas.

- Aumentar o apoio financeiro para o clube dos funcionários em 50% para aumentar a competitividade do mesmo.
- Duas festas de final de ano: uma aberta, para toda a família, no final de semana, e outra para os funcionários, essa em restaurante classe "A".
- Dar boas vindas "de verdade" aos novos empregados
  - Café da manhã de boas vindas (1º dia)
  - *Check-list* contendo todos os principais deveres e obrigações
  - Reunião formal do grupo com o Diretor Industrial
  - Reunião individual com RH, Supervisores, Gerente Setorial e Gerente Executivo.
- Esquecer os "chaveirinhos" e "bonezinhos" e dar um presente de valor no aniversário da fábrica.
- Participação de um membro do Sindicato nas comissões de análises de acidentes e na liberação para trabalhos com restrição de atividades – que não são computados como acidentes com afastamento.
- Rodízio de supervisores com seus substitutos eventuais (quatro meses).

– Sem dúvida, é um pacote de bondades – disse Fernando.
– Você vai comunicar ao Sindicato?
– Não. Eles saberão que influenciaram pelas medidas tomadas, mas não posso fazer disso uma bandeira ganha por eles. Isto não é um jogo "toma lá, dá cá". É uma demonstração de boa vontade. Ao contrário, vamos comunicar aos nossos Gerentes Executivos. Mais do que comunicar, vamos nos esforçar para comprometer o maior número possível deles com essa que podemos chamar de "ação pacificadora" das relações empregados/administração. Vamos colocar na pauta da reunião de amanhã, junto com a definição de nossos valores.
– E, naturalmente, você vai querer que eu faça um plano de implementação dessas ações com os respectivos cronogramas, não é verdade?

– Claro. O mais rápido possível. Vamos passar agora aos perfis gerenciais.

Fernando passou a descrever, uma a uma, a sua percepção sobre cada gerente executivo no quesito solicitado, "justiça e equidade nas relações com os colaboradores". Lima anotava.

– Impressionante, Fernando! A sua percepção é quase igual à minha, que por sua vez tem uns 60% de congruência com a percepção dos diretores do Sindicato! Bem, acho que seria de se esperar. Todo mundo diz que "a rádio peão aumenta, mas não inventa". E riu gostosamente. Precisava relaxar, o assunto era demasiadamente sério e delicado.

– E agora? – perguntou Fernando.

– Bem, o assunto que nós chamamos de "pacote de bondades" é contigo, e o assunto dos gerentes executivos é comigo. E vamos embora, que já passa das dez da noite.

Eram quase onze horas quando Carlos abriu a porta de casa. Vera o esperava.

– Olá, querida. Como está?

– Você parece bem – disse ela, sem responder à pergunta. Parece que depois do incêndio as coisas lá na fábrica se intensificaram! E você parece até mais animado...

– É verdade, querida. Estamos tomando várias ações, utilizando parte daquela conversa com o Publio, e finalmente estou conseguindo passar as coisas que acho realmente importantes.

– Falando em coisas importantes, você não acha que está abandonando muito a gente, sua família?

– Ora, Vera, se eu trabalho tanto é para vocês terem uma vida tranquila.

– Não entro nessa, Carlos. Você extrai também um bocado de satisfação de seu trabalho, mesmo com os problemas. Eu até acho que a maioria dos executivos é um pouco viciada nessa adrenalina toda.

– Pode ser, mas eu estou sempre pensando em vocês...

– Pensar só, eu acho que não resolve, principalmente com as meninas. Não está fácil.

– Vera, não posso diminuir o ritmo agora; por favor, faça o que puder e mais alguma coisa com as crianças!
– Elas não são mais crianças, precisam de sua presença. Como pai, educador e também como amigo.
– Vera, eu acho que você tem razão, mas agora preciso tomar uma ducha e dormir. Amanhã tenho mais um dia duro lá na fábrica.

Vera assentiu, com um gesto que dizia, "não tenho alternativa mesmo".

E dormiram, sem o costumeiro abraço amigo.

Dia seguinte, lá estava Carlos, no papel de Lima, o executivo ativo. E precisava mesmo ser ativo. Hoje era o dia da reunião extraordinária do GMC, o Grupo de Melhoria Contínua, e ele queria passar conceitos que eram muito importantes. Era caso de vida ou morte.

A reunião começou no horário, como de hábito para Lima. O pessoal estava começando a se acostumar a cumprir horários.

– Vou tentar ser curto e grosso – começou –, pois temos pressa e muita coisa a fazer nesta reunião. Como você sabem, esta reunião extraordinária é para descobrir as causas básicas e levantar ações para evitar repetições, com relação ao incêndio da Unidade de Polietilenos. E vamos aproveitar para fazer recomendações de abrangência, aproveitando estas falhas para evitar falhas em outras áreas. Antes de começar a análise, eu quero passar algumas informações e orientações que julgo importantes para todos vocês.

Primeiro: Todas as gerências da fábrica estarão focadas neste grupo, o GMC. O objetivo é diminuir, se possível zerar, o número de ocorrências anormais. E descreveu resumidamente o que havia sido tratado na reunião com os Gerentes Executivos.

Segundo: Foi elaborado um conjunto de medidas que, ao final, se destinam a alimentar a motivação de todos para a busca de resultados. Isto deve facilitar o trabalho de vocês. As medidas serão divulgadas oportunamente.

Terceiro: Como veem, haverá o suporte compatível com a responsabilidade que está sendo depositada em vocês. Recapitulando: uma vez determinado que o ROA (Relatório de Ocorrência Anormal) merece um GAA (Grupo de Análise e Ações), o coordenador do GMC – o Leal, da Produção, e na sua falta, o Cid, da Engenharia – vai constituir, sempre que necessário, os GAA. O coordenador será um de seus membros.

Quarto: O GAA, após análise, emite um plano de ações. O mais importante: depois de estabelecidos os prazos para as ações, toda ultrapassagem de prazo deve ter a concordância do Gerente Executivo da área a que pertence o Coordenador do GAC. *É preciso bater os pregos até o fim.*

E prosseguiu:

– Cabe também a todos vocês incentivarem a abertura de ROAs para qualquer desvio. É obrigatório, por exemplo, a abertura de ROAs para qualquer diminuição ou parada de produção em qualquer unidade; para quaisquer incidentes ou acidentes, com perda e sem perda; e qualquer ameaça de contaminação do Meio Ambiente. Vamos agora conduzir a análise do incêndio na Unidade de Polietilenos. Vou aproveitar para passar novamente todos os conceitos principais que vão nos ajudar no processo de análise. Leal, por favor, passe estas cópias a todos. Encontrarão nelas a seguinte tabela:

Problema	É o resultado não desejado, está localizado no topo da árvore de causas.
Árvore das Causas	É um método estruturado que visa chegar às causas-raiz de um determinado problema. Um problema, em geral, ocorre por mais de uma causa. Estas vão logo abaixo do problema na árvore de causas. Pode-se utilizar, para identificá-las, o gráfico de Pareto e/ou o *Brainstorming*.
Causas Primárias	Para cada causa primária se pergunta: *Por que ocorre?* Identifica-se. Outra pergunta: Só essa causa é suficiente? Se positivo, deixar uma causa só. Se negativo, colocam-se todas as causas.

Causas Secundárias	Para cada causa secundária, repete-se o mesmo procedimento descrito acima para causa primária.
Causas Terciárias	Repete-se o processo até que se chegue às causas básicas ou raízes.
Causas Básicas	Uma causa-raiz é identificada quando se chega a uma falha. De procedimento, operacional, de projeto, de comportamento. Aí cabem as ações corretivas. *Observação*: A causa básica pode ser uma primária (raro), secundária ou ainda mais profunda (quarto ou quinto nível).
Condição Operacional	Geralmente ocorre que uma ou mais causas, de qualquer nível, sejam condições operacionais normais. Para essas, não dá para tomar nenhuma ação. Simplesmente se escreve "condição operacional"
Gráfico de Pareto	Gráfico de barras verticais que dispõe a informação de forma a tornar evidente e visual quais são os itens de maior influência em determinado problema
Brainstorming	É uma dinâmica de grupo em que as pessoas, de forma organizada e com oportunidades iguais, fazem um esforço mental para opinar sobre determinado assunto.
Plano de Ações	Para cada causa-raiz deve-se colocar uma ou mais ações que vão bloquear a existência daquela causa, PARA QUE NÃO OCORRA MAIS. Cada uma delas recebe um número na árvore de causas, e é com esse número que ela vai aparecer no plano de ações.

– Levem com vocês e a utilizem em todas as análises que fizerem de hoje em diante – recomendou Lima. – Voltando ao incêndio e olhando as definições, qual é o nosso problema neste caso?

Capítulo III: Batendo os Pregos até o Fim ◄ 71

– O fogo – respondeu Jesus, um dos Gerentes Setoriais.
– É isso aí! O fogo foi, no nosso caso, o evento não-desejado. Mas, como o produto em questão é inflamável quando entra em contato com o ar do meio ambiente, qual foi a única causa imediata do incêndio?
– O vazamento do produto – respondeu Jesus novamente.
– Perfeito. E o que foi *necessário* para que houvesse o vazamento?
– O rompimento do selo mecânico da bomba – disse dessa vez Marques, Gerente Setorial de Mecânica.
– Isso mesmo. Como só essa causa já foi *suficiente* para o vazamento e o respectivo fogo, vamos começar dela. É a falha, o inimigo a ser vencido – disse Lima, colocando no quadro o retângulo abaixo.

Rompimento do selo mecânico por vibração

– O que foi *necessário* para o selo se romper? – questionou em seguida.
– A vibração excessiva da bomba – respondeu Marques.
– Só isso foi *suficiente*?
– Creio que sim, chefe.
Lima sabia que existia, na fábrica, um sistema relativamente robusto de sensores para bombas como aquela, o qual, ou não estava funcionando ou não tinha sido percebido. Então, perguntou:
– Se a vibração tivesse sido detectada a tempo, a bomba poderia ser parada e o vazamento evitado?
– Sim, Lima. A outra causa é que não perceberam a vibração na bomba – retornou Jesus.
– Essas duas causas juntas foram suficientes? Vejam vocês, Marques e Jesus, que estão acompanhando.
– Acho que sim – disse Marques.
– Eu também acho – aduziu o outro.

– É isso aí. A coisa é por aí. E então foi ao quadro e desenhou mais dois retângulos.

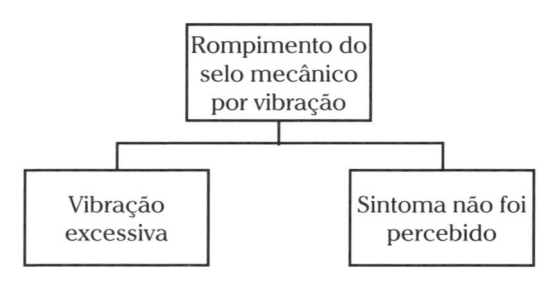

```
        Rompimento do
         selo mecânico
          por vibração
    ┌───────────┴───────────┐
    Vibração          Sintoma não foi
    excessiva         percebido
```

– Marques, vocês da mecânica, que analisaram tecnicamente o ocorrido, o que foi *necessário* para que a bomba vibrasse?
– Foi montagem inadequada, chefe.
– E só isso era suficiente para que houvesse vibração?
– Bem, disse um relutante Marques, se tivesse sido testada antes de ser entregue à Produção, o problema teria sido pego.
– E não foi testada, não é? – perguntou Lima.

Ante o silêncio, Lima se levantou e colocou no quadro mais dois retângulos.

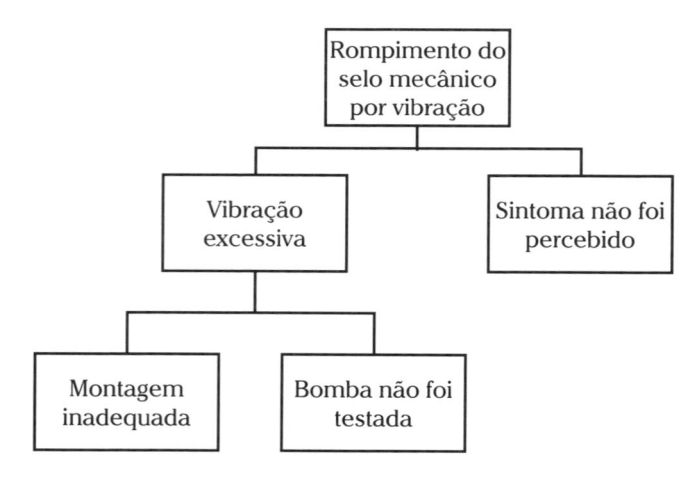

```
              Rompimento do
               selo mecânico
                por vibração
          ┌───────────┴───────────┐
          Vibração          Sintoma não foi
          excessiva         percebido
      ┌───────┴───────┐
   Montagem       Bomba não foi
   inadequada        testada
```

Capítulo III: Batendo os Pregos até o Fim

– Continuando, perguntou Lima, o que foi *necessário* para uma montagem inadequada?
– Neste caso, a mão-de-obra foi contratada. Certamente, foi a baixa qualificação – disse Marques.
– Foi *suficiente*?
– Penso que sim.
– Também acho, vamos para outra causa secundária. O que foi *necessário* para que a bomba não fosse testada?
– Nesse caso é simples, Lima. Existe procedimento, e ele não foi seguido. E isso foi *suficiente* – disse Marques.
– Bem, então encontramos já duas causas básicas. Vamos agora para o outro ramo.

E continuou, para cada retângulo fazendo as perguntas-chaves: o que foi *necessário* (por que)? Foi *suficiente* (e o que mais)? Até que o quadro ficou com a figura abaixo:

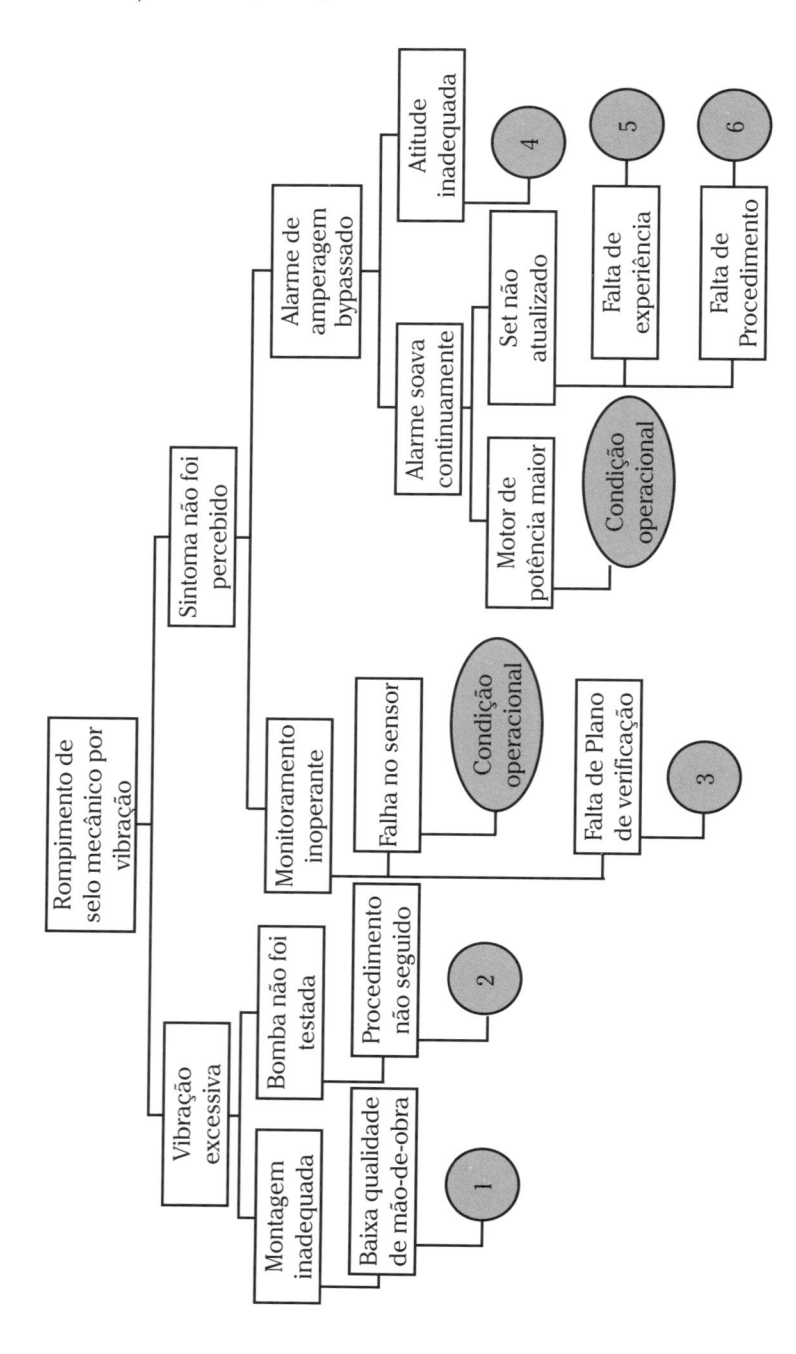

Árvore de Falhas: Rompimento de selo mecânico por vibração

Rompimento de selo mecânico por vibração

- **Vibração excessiva**
  - Montagem inadequada
  - Bomba não foi testada
    - Baixa qualidade de mão-de-obra — (1)
    - Procedimento não seguido — (2)
- **Sintoma não foi percebido**
  - Monitoramento inoperante
    - Falha no sensor — *Condição operacional*
    - Falta de Plano de verificação — (3)
  - Alarme de amperagem bypassado
    - Atitude inadequada — (4)
    - Alarme soava continuamente
      - Set não atualizado
        - Falta de experiência — (5)
        - Falta de Procedimento — (6)
      - Motor de potência maior — *Condição operacional*

Capítulo III: Batendo os Pregos até o Fim

Lima esperou até que todos examinassem a figura, e disse:
– Gostaria que vocês notassem os seguintes aspectos:

- As causas básicas são, em geral, faltas ou falha humana. Ou falta de procedimento ou de outros documentos, o que no fim também é uma falha humana.
- Existirão condições que você não pode mudar, como o fato de um sensor falhar ou o projeto pedir um motor maior, como foi o caso.
- Para cada causa básica, coloque um número correspondente à ação ou conjunto de ações que vai bloquear a causa básica.

– Vamos agora passar ao Plano de Ações.

E prosseguiu a reunião, na qual foi construído o plano, com a participação dos mais interessados, conforme a tabela abaixo:

ITEM	AÇÃO	RESPONS.	PRAZO
1	Aplicar prova de conhecimentos antes da admissão em todos os mecânicos contratados. *Evidência: Prova aplicada*	Cid – Gerente de Engenharia	Próxima admissão: dois meses
1-B	Auditar conhecimentos dos mecânicos contratados – plano. *Evidência: Relatórios*	Flávio – Gerente de Manutenção	Primeira a um mês
1-C	ABRANGÊNCIA: Prova de conhecimentos para eletricistas, instrumentistas e caldeireiros. *Evidência: Provas aplicadas*	Cid – Gerente de Engenharia	Próxima admissão: dois meses
2 – A	Rastrear Fiscal responsável pela Montagem da J – 304-A. Tomar providências administrativas cabíveis. *Evidência: Relato da ação*	Cid – Gerente de Engenharia	sete dias

2 – B	ABRANGÊNCIA: Palestra de conscientização para todos os fiscais da área de reformas. *Evidência: Ata assinada*	Cid – Gerente de Engenharia	um mês
3-A	Elaborar plano de verificação e leitura de medidores de vibração. *Evidência: Plano elaborado*	Leal – Gerente de Produção área 1	vinte dias
3 – B	Seguir plano de verificação, com AUDITORIAS. *Evidência: Relatórios*	Leal – Gerente de Produção área 1	um mês
3-C	ABRANGÊNCIA: Seguir plano de verificação, com AUDITORIAS, na área II. *Evidência: Relatórios*	Miranda – Gerente Produção área 2	um mês
4- A	Rastrear Ordem de Trabalho para *bypass* do alarme de amperagem. Identificar solicitante. Tomar providências administrativas cabíveis. *Evidência: Relato da ação*	Leal – Gerente de Produção área 1	sete dias
4 – B	ABRANGÊNCIA: Realizar palestra de conscientização para todos os supervisores de produção – Área 1. *Evidência: Ata assinada*	Leal – Gerente de Produção área 1	quinze dias
4 – C	ABRANGÊNCIA: Realizar palestra de conscientização para todos os supervisores de produção – Área 2. *Evidência: Ata assinada*	Miranda – Gerente Produção área 2	15 dias

Capítulo III: Batendo os Pregos até o Fim ◀ 77

5	Ação conjunta com a ação 2 – B – Palestra para todos os fiscais. Conscientizar também para a questão dos *set points*. *Evidência: Ata assinada*	Cid – Gerente de Engenharia	1 mês
6 – A	Criar procedimento com *check-lists* com todos os pontos a verificar antes de entregar um equipamento, incluindo os instrumentos periféricos. *Evidência: procedimento escrito*	Cid – Gerente de Engenharia	1 mês
6 – B	Implantar sistema de *chek-lists* com auditorias. *Evidência: Check-list preenchida*	Cid – Gerente de Engenharia	30/09/2004
6-C	Auditar aleatoriamente sistemas já entregues. *Evidência: Relatórios*	Flávio – Gerente de Manutenção	2 meses

– Notem, disse Lima, os seguintes aspectos no Plano de Ações:

▸ Para cada item, procuramos fazer uma **abrangência**, ou seja, buscar aplicar o aprendizado em outras áreas também.

▸ Apenas cuidem para não recomendar uma **abrangência** grande demais, pode ficar inexequível ou difícil demais de "bater os pregos".

▸ Para cada ação e subação coloque um **nome**, não um departamento ou função. É para ter exatamente a quem cobrar; o que vai ser necessário.

– Puxa chefe, gostei! – disse Marques, que tinha ficado entusiasmado.

– É isso aí. Acredito que agora vocês vão mais facilmente chegar às causas básicas e ao plano de ações para bloquear os nossos problemas. O inimigo é a falha!

E encerrou a reunião.

Dois dias depois. Uma chuva fina, tranquila, caía lá fora. Carlos observava pela janela. Lembrou-se de sua infância, dos "bolinhos de chuva" que sua mãe fazia. Chegou a sentir o aconchego e até aquele cheiro bom daquele tempo.

Pensou, porém: "É, era bom, mas eu não posso me queixar do agora. Esta é a vida que eu escolhi para mim. Tem problemas, ou desafios, como se fala no mundo corporativo, mas também tem muitas realizações. É onde a gente exerce a criatividade, a capacidade de realizar. Vamos lá!".

Seus olhos passaram da janela para a folha de papel à sua frente. Lembrou-se da reunião da véspera, com todos os Gerentes Executivos. A primeira parte tinha sido relativamente fácil. É nesta parte que haviam definido, após vários debates e eleições múltiplas, os *valores* da equipe, que estavam no pedaço de papel. Leu uma vez mais:

RESPEITO
GARRA
ÉTICA
SOLIDARIEDADE

"A segunda parte, na qual praticamente *comuniquei* o pacote de coisas boas para os empregados, talvez não tivesse passado, caso não estivesse tão presentes valores como respeito e solidariedade. Os argumentos de que o Sindicato não era o inimigo a ser batido, e sim um provável aliado na busca de resultados, ganhou corpo com o reforço desses valores. E ao final, mal ou bem, todos aceitaram o pacote. Muito bom", pensou Lima. "Vamos para a próxima".

Já ia iniciar suas outras atividades quando toca o telefone:
– Chefe, é o Fernando. Eu disse que estava naquele tempo que o senhor pediu para sua reflexão, mas ele disse que a notícia é boa, ele quer falar mesmo assim – disse Dagmar.
– Notícia boa? Diga para ele vir para cá.
– Bom dia, Lima – entrou um jovial e alegre Fernando. – Acabo de receber a visita do Carlinhos, amigo do Toledo. Tenho notícias sobre aquele caso amoroso...

Capítulo III: Batendo os Pregos até o Fim ◂ 79

– E aí?
– Aí que o Toledo resolveu se separar da esposa e ficar de forma regular namorando a estagiária.

Carlinhos disse que não foi fácil para o Toledo, mas agora ele se diz em paz, após ter tido uma conversa franca com a esposa. E já saiu de casa.

– Bem, é sempre lamentável quando um casamento se acaba, mas pelo menos é mais honesto e agora tiramos essa preocupação de nossos ombros. Boa notícia mesmo! Escuta: como estão os preparativos para as medidas de motivação dos empregados? – mudou de assunto Lima.

– Estou colocando toda a energia da minha equipe nisso – disse Fernando. E o pessoal está animado!

Lima sorriu e pensou, "acho que as coisas estão começando a melhorar!" E despediu-se de Fernando, que saía. Voltou aos seus afazeres.

Sexta-feira à noite. Lima estava descendo do avião que o trouxera de Brasília, onde ficava o Escritório Central do Grupo NACIONAL, quando viu bem perto de si o Ismar, o criativo supervisor de Planejamento e Controle da fábrica.

Apertou o passo na saída e passou por Ismar:

– Olá, como vai essa força? Vindo também do Escritório Central?

– Sim, chefe. Fui participar da reunião de indicadores... Olha: nós melhoramos um pouquinho. Agora somos o antepenúltimo no *ranking*.

– Bem, ao menos não estamos crescendo que nem rabo de cavalo, para baixo! – brincou Lima. E disse:

– Você quer uma carona até Sorocaba? – era onde Lima e Ismar moravam, a cidade maior próxima da fábrica.

– Sim, claro. Vamos lá!

Já no carro, Lima aproveitou a viagem-reunião que tinha provocado para perguntar:

– Ismar, eu vejo que todos os meses você divulga os indicadores nos quadros e também por e-mail. E ainda tem aquele filminho que você faz, aliás, muito criativo. Mas você acha que a maioria dos empregados toma conhecimento desses indicadores?

– Não tenho certeza, chefe. Eu faço as coisas pensando que sim, mas nunca se sabe – falou Ismar, já meio na defesa.

– Calma, Ismar, se eles não se interessam, a culpa não é sua. Mas você acha que podemos fazer algo mais?

Ismar parou, olhou para o alto e, depois de um momento, disse:

– O pessoal se interessa por jogos e por brindes. Só se fizermos um "bolão"!

– Um "bolão"? Como assim?

– Bem, nós poderíamos fazer um tipo de banco de apostas sobre quais serão os indicadores que alcançarão a meta no mês. E poderíamos dar um brinde para quem fizer mais pontos...

– Parece muito bom, Ismar. Tenho certeza de que eles iriam ver mais os seus filmes. Dos quais, como disse, eu gosto muito; são de qualidade.

– Obrigado, chefe. Escuta: você não quer aparecer também no filme, mensalmente, dando sua mensagem final?

– Claro que posso. E podemos também divulgar o resultado do "bolão". Acho que a audiência vai aumentar. E para nós da gerência, vai ser uma ótima o pessoal acompanhar mais de perto os indicadores.

– Fechado, chefe. Deixa que eu prepare tudo. E no final de doze meses, podemos dar um brinde realmente bom para o ganhador final do bolão?

– Que tal uma TV de LED daquelas enormes?

– Puxa, vai ser muito bom!

– Então, pau na máquina! E o brinde mensal pode ser um vale daquela loja esportiva, o que você acha?

– Depende do valor, chefe.

– Que tal uns trezentos reais?

– Ótimo, o pessoal vai gostar.

– Muito bom. Vamos agora descansar um pouco.

E Lima recostou-se no assento e pensou: "Puxa, uma TV custa uns dois mil reais, mais trezentos por mês do vale da loja, não é nada, comparando com o benefício de manter o pessoal motivado em torno dos indicadores." E lembrou-se com um pouco de tristeza de quantos gerentes deixam de ganhar milhões por meio dos resultados para economizar migalhas... *C'estlavie*, concluiu. E fechou os olhos.

Um pouco por sorte, um pouco pelos esforços das pessoas, já fazia uma semana sem nenhuma ocorrência anormal na fábrica. E Lima continuava a trabalhar em ritmo frenético. As primeiras medidas de motivação dos empregados já tinham sido divulgadas. Aqui e ali se percebia e se ouvia que as pessoas estavam gostando. Sentiu até certo ar de cumplicidade quando cumprimentou o Raul, um dos diretores do Sindicato com quem tinha mais afinidade. Ou teria sido impressão, de tanta vontade que isso acontecesse?

"Bem, não adianta tentar adivinhar. Os resultados é que dirão." Pensando nos resultados, debruçou-se sobre o sistema de avaliação de desempenho dos gerentes executivos. É, tinha que mudar, como havia falado naquela conversa com Publio, a qual ainda estava muito viva na sua mente. Aquilo era muito burocrático, não media o resultado efetivo das gerências. E começou a esboçar um novo sistema. Nele, o que valeria para cada gerência seriam os resultados reais, palpáveis. Basicamente, os doze principais indicadores da fábrica. Mas cada gerência contribuía de forma desigual para cada indicador. Como fazer? "E se eu colocasse um peso diferente para cada item, de acordo com a influência de cada gerência naquele indicador? Acho que ficaria bom. Mas falta algo: o que é tão importante quanto os indicadores finais?", perguntava-se.

"Ah, vou colocar mais dois para todas as gerências." Estes:

- O grau de satisfação dos empregados daquela gerência
- O grau de realização dos planos de ação resultados das recomendações dos Grupos de Melhoria. Para quem? Para a gerência à qual pertencesse o coordenador do Grupo de Ação para cada problema analisado.

"É, acho que vai funcionar." Nessa altura, estava falando alto, sozinho. "Ih, acho que endoidei de vez", pensou Lima. Mas o sistema estava ali, pronto. E era assim que ia aplicar, reunindo-se com seus Gerentes Executivos, um a um. Decidiu também que seria a mesma avaliação que iria decidir o montante da "verba" para aumento salarial e promoções de cada gerência, com limites inferior e superior para amortecer e evitar muita distorção.

Assim pensou, assim fez. Um a um os gerentes iam passando. Lima se lembrou da conversa que teve com Publio sobre ser verdadeiro e sobre a inteligência espiritual. Assim, não teve medo de ser impopular. E de fato foi, para alguns.

As pessoas em geral não gostam de mudanças. Diz-se que são resistentes a elas. Lima pôde ver que nem todos foram resistentes. O jovem gerente comercial Vítor, por exemplo, reagiu bem:

– Lima, que maravilha! Quer dizer que quanto melhor a contribuição para os resultados, melhor a avaliação! Nas avaliações anteriores eu ficava sempre com a ideia de que "antiguidade é posto", ou seja, parece que os que têm mais anos de casa se saíam sempre melhor. Vejo que isso vai mudar. E vai ter muita gente querendo colocar pessoas para resolver problemas, isso dará pontos, eu mesmo vou sempre indicar pessoas para o GMC!

– Bom que você pensa assim, Vítor. Deixe-me agora fazer uma pergunta que estou fazendo a todos nessas entrevistas: que *feedback* de melhoria você daria para mim?

– Ué, avaliação reversa, chefe?

– Sim. Se tiver algum ponto positivo a destacar, pode dizer também.

E foi através dessas reuniões de negociação de metas que Lima ficou sabendo que tinha algo que precisava mudar urgentemente: cerca de 80% das pessoas disseram que ele, Lima, quase nunca sorria em público. O pessoal comentava que ele tinha "cara de poucos amigos", disse mais de um de seus colaboradores diretos.

Assim, Lima percebeu que sua extrema preocupação de sair da posição incômoda em que se achava gerencialmente o fazia ficar com o semblante carregado, frente aos seus pensamentos, às vezes sombrios. Então, resolveu mudar. Botou um sorriso na cara e dificilmente o tirava. Com o tempo, virou até sua marca registrada, e fez muito bem para o moral de toda a grande equipe da fábrica Areal.

E foi com um sorriso que cumprimentou o pessoal da Elétrica, mesmo que tivesse ido à oficina para saber o que tinha ocorrido de fato: mais uma falha no sistema elétrico; metade da fábrica desligou, e lá se foi para o espaço o indicador de Disponibilidade Operacional. Ouvia atentamente as explicações de Olavo, o Gerente Setorial de Elétrica, quando viu, na bancada de trabalho, algo parecido com a tal "caixa preta" do motor síncrono que havia desligado a fábrica de Polietileno meses antes, motivo de reprimenda do Gerente de Confiabilidade do Escritório Central, para o qual havia dito que iriam aprofundar a análise. Só que a caixa, em vez de preta, era branca. Na verdade transparente: uma porção de pequenos diodos, transistores, circuitos integrados, interligados e protegidos por uma cobertura de silicone solidificado. Perguntou:

– O que é aquela caixa? Assemelha-se à caixa preta do motor síncrono do hipercompressor, mas é branca?

– Ah, chefe, isso é coisa do Reck, ele conseguiu diluir o composto negro da caixa de controle, levantou o circuito todo e refez, só que com componentes mais "parrudos" – disse Olavo, aliviado por mudar o foco de uma coisa ruim para uma coisa boa.

Nelcio Reck era um Técnico Eletrônico fantástico: firme, determinado e sempre otimista.

– E isso resolve a questão?

– Temos quase certeza, Lima. Eu consegui ligar para a fábrica do motor, nos EUA, e eles ofereceram uma solução semelhante. Eles verificaram que há muita indução eletromagnética da alta voltagem quando o motor funciona, e isto pode estar queimando os componentes da caixa de controle.

– Então?
– Bem, nós instalamos uma caixa nova, modificada, que eles nos mandaram, e nunca mais deu problema. Você não havia percebido?
– Não, são tantas as coisas que a gente deixa de ver aquelas para as quais vocês estão encontrando soluções. Vocês têm que divulgar. Parabéns. E a "caixa branca"?
– Estamos esperando uma oportunidade para testá-la, mas acho que vai funcionar. Aliás, tenho quase certeza.
– O.K., mantenha-me informado. E dê meu abraço ao Reck. Mas, voltando ao caso do transformador...
– Bem, chefe, estamos ainda investigando, mas tudo indica que foi atuação indevida do relé diferencial. Já formamos um Grupo de Análise. Não poderemos dar um passo para frente e um para trás. Assim ficamos no mesmo lugar!

Lima voltou para a sua sala. Sim, tinha tido mais um problema de confiabilidade de equipamentos, mas sentia-se um pouco melhor; até pela fala aguerrida do Olavo. "No fim das contas, parece que as coisas estão andando", pensou. Mas não estava fácil.

O veículo corria tranquilo pela rodovia da fábrica Areal para a cidade de Sorocaba, conduzido por Paulinho. Carlos fechou os olhos e relaxou. Podia sentir os pensamentos irem diminuindo de intensidade. Uma grande sensação de paz invadiu o seu íntimo. Era difícil conseguir praticar o que tinha aprendido anos atrás, quando tinha tempo suficiente para aulas de *yoga*. Mas quando conseguia... Era um paraíso!

Dessa forma chegou a sua casa inteiro. Mal entrou, percebeu que Vera estava com uma carinha de choro, se esforçando para manter a compostura.
– Boa noite querida. Algum problema?
– Nada não, eu estou tratando. Deixa comigo.
– Mas o que foi que aconteceu?
– Bem, recebemos uma reclamação do síndico. É com a Veridiana.
– Que foi, diga logo, estou ficando mais preocupado.

– Ela pegou meu carro, saiu destratando o porteiro e ainda, na volta, destruiu parte do portão.
– Pegou seu carro? Mas ela tem só 15 anos!
– Pois é, você a ensinou a dirigir para emergências, mas ela está usando em outras situações.
– Você é a mãe, Vera. Tem que coibir esse tipo de atitude!
– Sim, e você é o pai. Aliás, um pai bem ausente nesses últimos meses.
– Eu já falei que estou numa fase crucial na fábrica, querida. Por favor, me ajude.
– Tenho tentado, mas as meninas se ressentem por não ter aquele pai amigo que sempre tiveram. Não está fácil.
– A Veridiana está aí?
– Não, foi para a casa de uma amiga, disse que só volta depois da meia-noite.
– E você deixou? Eu tenho que dormir mais cedo; amanhã vai ser um dia daqueles lá na fábrica...
– Carlos, Carlos, será que é este o caminho? Você poderia pedir transferência para um lugar mais tranquilo.
– Isso está fora de questão. Amanhã conversarei com Veridiana! Vou agora ver um pouco de TV.

Carlos não cumpriu o que prometeu, não falou com Veridiana sobre o assunto. Nem no outro dia, nem nos outros que se seguiram.

Na fábrica, o ritmo continuava intenso. E na ida ao trabalho Carlos estava com um quebra-cabeças quase todo montado para aquelas mudanças de gerentes que havia mencionado na conversa com Publio. Um dos gerentes-chave que estava cogitando trocar era Miranda, da área de Produção – Produtos Finais. Lembrou-se de um assunto importante.

Após o término da reunião matinal, Lima se acercou de Miranda.

– Miranda, você fez contato com aquele cara da *Biossoluções*, aquele cujo telefone te passei?
– Estamos providenciando, chefe.

– Olha, Miranda, o gerúndio está proibido por aqui. "Estamos providenciando" não quer dizer nada. O que você fez?
– Passei o assunto ao Sérgio, um dos meus supervisores.
– E daí? – perguntou Lima. Havia certa irritação em sua voz.
– Bem, ele não me falou nada.
– Espero uma posição hoje, legal?
– Vou verificar e te dou um posicionamento.

Pouco antes do almoço, Miranda entra em sua sala:
– Chefe, o Sérgio não havia feito o contato. Tentou agora, mas o senhor Aguinaldo não está disponível.
– Ruim isso, não é Miranda?
– O problema é que o Sérgio é meio folgado. A culpa é dele, Lima. Eu fiz minha parte.
– Miranda, se você não aprendeu até agora, vou te dizer. Não se culpa colaboradores para uma tarefa pedida para nós. Eu não quero saber se é pata ou pato, o que eu quero é o ovo! E o responsável pra mim é você! Vou aguardar.

Após a saída de Miranda da sala, Lima terminou de montar o quebra-cabeças. Iria mudar sete dos 10 gerentes executivos. Três deles, ele teria que despedir; dois iriam para o lugar de dois despedidos; e outros quatro iriam apenas mudar de gerência. Achou prudente seguir a recomendação de seu Diretor de trazer um excelente Gerente que não estava se adaptando na cidade onde ficava o Escritório Central da Empresa. E também teria a oportunidade de promover dois gerentes setoriais que haviam demonstrado adaptar-se muito bem à nova filosofia. Fez um esquema:

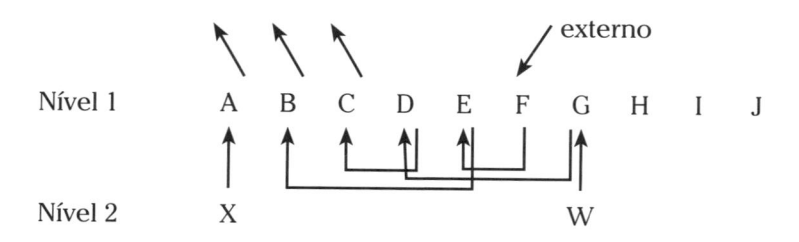

```
                            ↗ externo
          ↑  ↑  ↑          ↗
Nível 1   A  B  C  D  E  F  G  H  I  J
          ↑  ↑  ↑ ↑  ↑     ↑
          |  |__|_|__|     |
Nível 2   X                W
```

Era uma bela mexida. Ia ser um solavanco. E agora que já estava decidido, tinha que fazer logo. Pensou nos benefícios. A composição do corpo gerencial iria ficar parecida com o seu modo de trabalhar. Tinha que fazê-lo!

E fez. Engoliu a seco e começou a falar na reunião convocada expressamente com todos os Gerentes Executivos:

– Já faz seis meses que estou nesta fábrica como Diretor Industrial. Tivemos algumas poucas melhoras nos resultados, mas eles continuam ruins. Nesse tempo, observei bastante cada um de vocês. E resolvi trocar alguns, formando uma equipe mais afinada com as minhas características. Sei que os estou pegando de surpresa, mas uma mudança assim tem que ser mantida em sigilo até o último minuto para não deteriorar o clima. Já discuti as mudanças com o Maia, nosso Diretor Geral, e ele está de acordo. Vou despedir três de vocês. A mudança, porém, vai afetar mais quatro que serão titulares de outras gerências, se aceitarem. E eu espero que aceitem, para que a mudança seja um pouco menos radical. Acho que quanto mais rápido terminamos isto, melhor para todos. Assim, peço que, a partir de agora, venham conversar comigo os seguintes gerentes, nessa ordem:

Flávio – Gerente de Manutenção
Miranda – Gerente de Produção área 2
Raul – Gerente de Planejamento
Cid – Gerente de Engenharia
Vítor – Gerente do Comercial
Hugo – Gerente de Segurança
Valmir – Gerente de Processos

– Estou passando para a minha sala e esperarei um a um, na ordem que eu falei. Obrigado!

Como Lima esperava, as conversas mais difíceis foram com os que iriam sair. Por isso os colocou para falar primeiro. Lembrou-se do livro *O Príncipe*, de Maquiavel: "Quando tiver que fazer uma coisa ruim para os outros, faça bem rápido e de uma vez só". E assim foi feito.

Conseguiu com a alta direção um bônus de seis salários para os que estavam saindo, mais um ano do plano de assistência médica que tinham e, ainda, mais um ano de contribuição à previdência privada. Era um pacote generoso. O argumento de Lima tinha sido na linha de que "jabuti não sobe em árvore"; se aquelas pessoas estavam ali ocupando um cargo na alta administração da fábrica, era porque alguém tinha posto elas lá. E, mal ou bem, tinham dado anos de sua vida para a fábrica, mereciam respeito e consideração.

Flávio disse que já esperava a sua demissão, que não concordava com o que Lima pensava, mas que entendia a necessidade da mudança. Ficou triste, mas não revoltado. Disse ainda que teve a certeza de que não ficaria depois que Lima lhe havia dito: "Você não tem disciplina, vai ser difícil trabalhar comigo".

Já com Miranda, o buraco foi mais embaixo.

– Você está louco, como é que me tira assim? Sem falsa modéstia, eu me acho um dos mais capazes gerentes da fábrica!

– Mas **eu** não considero assim, Miranda. Vou te dar algumas razões de minha decisão: há muitas ocorrências anormais na sua área sem tratamento.

– Culpa daqueles incompetentes.

– Essa é outra razão. Você não assume os problemas de sua área. Mesmo que seja "culpa daqueles incompetentes", é *você* que teria que fazer essa situação mudar. Culpar os outros não resolve nada.

– E o que mais, senhor sabe tudo? – sua feição estava rígida, sarcástica. E o tom de voz havia subido acima do razoável.

– Peço que você se acalme, Miranda. E fale baixo, você está na minha sala. Se continuar falando alto, eu encerro a conversa aqui e, se preciso, chamo dois vigilantes para retirar você da sala. Aliás, eles já estão de prontidão aí na sala do lado. Vou precisar chamar?

– Não, prossiga – falou baixinho, entre os dentes, Miranda.

– Então, há também a forma como você trata os seus colaboradores.

– Quem te disse isso? O Sindicato nunca engoliu que eu não dou a mínima para eles, essa é verdade. Mas meus colaboradores, alguns me adoram. Veja o Márcio...
– Pois é, o problema é que você privilegia somente aqueles mais duros com os "peões". E isso é inadmissível, pelo menos será nessa fábrica a partir de agora.
– Bem, acho que não tem nada que possa mudar a sua decisão, não é?
– Não, Miranda. Estou certo do que quero. Mas desejo que você se dê bem no mercado. Preparamos um "colchão" de reservas para vocês procurarem emprego com tranquilidade.
– É, isto é o mínimo que tinham que fazer. E se não tiver mais o que dizer, já vou sair, preciso começar com minhas providências...
– Ufa! – suspirou Lima, quando Miranda saiu. Esperou por Raul, o próximo e último que teve que demitir.
– Olá, chefe! – entrou Raul, amigável como sempre. Você vai me designar para outra gerência?
– Infelizmente não, Raul. O seu caso também é de demissão – foi logo esclarecendo Lima.
– Bah, agora você me pegou de surpresa. Posso saber a razão?
– Basicamente são duas: você se lembra daquela conversa na qual começou a contar para mim todos os "podres" do Nilton, o Diretor de Fábrica que me antecedeu?
– Sim, mas...
– Você se lembra do que eu disse?
– Disse para eu parar de falar mal dele. Que não queria que quando você saísse eu fosse lá contar seus pontos fracos para o próximo Diretor. Mas eu não iria fazer isso! A verdade é que o Nilton realmente tinha muitas coisas ruins...
– É, mas você, como Gerente de confiança e ainda mais indicado por ele, teria que manter a lealdade. Eu aprecio pessoas leais, Raul.
– E a outra razão?

– Venho observando você e conversando com alguns de seus colaboradores diretos. Você os sufoca muito. Sempre traz o mérito dos bons trabalhos para você. Eles estão a ponto de explodir.

– É, você já havia me havia falado a respeito mais de uma vez, mas eu garanto...

– Não dá! – interrompeu Lima. O tempo de recuperação já passou. E eu sinceramente desejo sorte para você. Você é um cara inteligente, conhece o seu trabalho, não vai ter dificuldades para conseguir outro bom emprego.

– Está bem, chefe. Sem rancor. Eu espero que você me recomende se eu precisar.

– Pode deixar, não deixarei de mencionar as suas qualidades.

Bem, com Raul tinha sido mais fácil do que com Miranda. E, a partir daí, foi ficando ainda mais fácil. Mudar de gerência no mesmo nível, na cultura do Grupo NACIONAL, era algo considerado como promoção horizontal, de forma que as pessoas aceitaram sem muitos problemas os seus novos cargos.

Apenas Vítor, o Gerente Comercial, demonstrou preocupação:

– Você acha mesmo que darei conta, Lima? Afinal, vou passar a gerenciar cento e quarenta pessoas próprias e umas oitenta contratadas. Na minha área atual temos cerca de 20 pessoas...

– Eu confio em você, Vítor. Seu entusiasmo, generosidade e disciplina vão te ajudar.

– Você está confiando mais em mim do que eu mesmo. Isto me dá medo...

– Vamos combinar uma coisa, Vítor. O risco é meu. Se não der certo, você volta para a Gerência Comercial e eu assumo o erro de tê-lo colocado nisso. O que acha?

– Bem, é claro que com toda essa confiança sua eu vou topar. E pode estar certo de que vou dar o meu melhor!

– Estou certo disso, Vítor. Assim que pudermos, eu gostaria de conversar um pouco com você sobre a sua nova área. Já ouviu falar de "manufatura enxuta"?

Vítor nunca tinha ouvido falar. Mas respondeu:

– Talvez por alto, mas não me lembro. – e pensou: "vou pesquisar a respeito".

– Sem problemas, teremos tempo.

E o tempo foi passando. A batalha era incessante, mas aquela mudança de gerentes tinha sido um marco. Parecia que o novo time ganhara mais confiança e as coisas de fato estavam melhorando.

Lima encontrou tempo, então, para implantar duas ideias que lhe eram caras: a primeira delas, um antídoto para não ser pego no contrapé, como tinha sido aquela entrevista por telefone com o repórter local, uma "prensa". Suely, Gerente de Relações Públicas, já havia preparado tudo a respeito dessa primeira.

– A ideia é a seguinte, Lima: em vez daquele tradicional evento corporativo, no qual os Gerentes falam e depois os repórteres perguntam, minha proposta é fazer algo mais lúdico, envolvente. Nós nos esforçamos para "pensar fora da caixa", como você recomendou.

– Diga aí, Suely, estou curioso!

– Contratei uma psicóloga. Ela preparou dois jogos interessantes para a integração dos Gerentes de Fábrica com os repórteres. Um deles será "campo minado". São formadas duas equipes, misturando repórteres e gerentes, e ambos têm a missão de atravessar um campo minado. Esse exercício estimula a cooperação.

– E o outro?

– O outro é ainda mais lúdico. Os dois grupos vão confeccionar cada um uma pipa.

– Uma pipa, dessas de voar? Na minha terra isso se chamava "maranhão" ou "papagaio".

– Isso mesmo, chefe. Vai ter um instrutor especializado, caso as pessoas não se lembrem de como construir uma. E depois vamos aos jardins da fazenda onde será o evento para empinar as pipas.

– Parece meio louco, mas bom. E os repórteres vão topar?

– Já toparam, chefe! Alguns ficaram bem entusiasmados. E depois do evento, em vez de discursos, nós preparamos um filme mostrando o que estamos fazendo, novos investimentos, ações junto à comunidade e novos desafios.

– Claro que você não omitiu o problema com os fenóis, não é?

– Claro que não, Lima. Eu já te conheço. E no filme, será mostrada uma foto de cada Gerente Executivo responsável por determinada área, à medida que esta for sendo apresentada. Finalmente se abre às perguntas aos nossos Gerentes Executivos. Na sua nova composição, é claro.

– Muito bom, Suely! Orgulho-me de seu trabalho. E para quando vai ser?

– Daqui a um mês. E vamos preparar você e todos os Gerentes Executivos para o evento, com um reforço do *media training*.

A segunda ideia também estava relacionada com as partes interessadas externas. Era a retomada do plano de visita às autoridades.

Ismar, o novo Gerente de Planejamento, havia preparado a agenda de visitas. Uma vez por semana, lá ia Lima, acompanhado por um de seus dois substitutos eventuais, em sistema de rodízio. Presidente da Câmara, Diretor da Cetesb e muitas outras autoridades. Todas gostaram de receber a visita, sem nenhuma reivindicação específica, só para se conhecerem pessoalmente e trocarem informações sobre a percepção das relações da NACIONAL com a comunidade. Mais para frente, vários desses contatos se mostraram cruciais para facilitar os diálogos nos momentos de crise.

A coisa ia bem, também, no intramuros da fábrica. Pouco a pouco, a série de medidas motivacionais ia mostrando seus resultados.

Lima estava animado. Tão animado que havia decidido implantar aquela medida que sabia ser a mais polêmica: o rodízio de supervisores. Iria mais uma vez revolucionar. Eram 54 mudanças de uma vez; sangue novo, motivado, iria a seu juízo fazer a diferença final e virar de vez o jogo.

Leal e Vítor, os gerentes das principais áreas envolvidas, tinham relutado até que bastante com essa medida, mas ao final concordado. A medida não tinha ainda sido divulgada, mas amanhã seria o grande dia.

Foi com aquele sorriso no rosto que Lima entrou na grande sala com as espaçosas saletas onde ficavam os Gerentes Executivos. Cid, que agora era o novo Gerente de Manutenção, o chamou para uma conversa particular.

Lima teve um sobressalto. As conversas com Cid às vezes eram difíceis. Ele expunha sem rodeios suas posições e as defendia. E várias vezes suas opiniões eram diferentes das dele.

Dessa vez não foi diferente:

– Lima, eu ouvi dizer que amanhã você vai divulgar o rodízio de Supervisores.

– É verdade, Cid. Por quê?

– Olha: eu trabalho **nesta** fábrica do Grupo NACIONAL há mais de vinte anos. Tenho notado os acertos de várias medidas que você tem tomado. Mas esta não vai dar certo. O burburinho está correndo, vai ser um desastre!

– Desastre, Cid? E por quê?

– Veja, você está pensando nos 54 que estão entrando. Eu estou preocupado com os 54 que vão sair. Eles formam uma base sólida que, bem ou mal, manteve o sistema funcionando até aqui. Estão se sentindo traídos e, nessa situação, é provável que muitos vão jogar contra a organização. E vários são grandes formadores de opinião nesta fábrica.

– Você acha isso mesmo, Cid? – perguntou Lima. Ele havia sido tocado pelos argumentos do colega.

– Acho não, tenho certeza!

– Tá bom, obrigado! Eu vou pensar a respeito.

Aquilo ficou martelando em sua cabeça. Ele queria muito fazer a mudança, mas as palavras de Cid faziam sentido. Na verdade, faziam **muito** sentido.

Na volta para casa, na confortável companhia do fiel amigo e motorista Paulinho, já havia decidido. O primeiro para quem ligou foi Leal, que havia tentado sem sucesso demovê-lo da ideia.

– Leal, eu tomei uma decisão. Vou cancelar a operação de rodízio de todos os supervisores. Fui convencido.

– Boas falas, Lima! Eu estava muito preocupado.

O sentimento que teve foi de alívio. Isto já havia ocorrido antes, pelo menos em mais duas vezes ao longo de sua carreira. No último instante, alguém o tinha aconselhado a não fazer uma bobagem. E ele havia seguido. "Deus é grande", pensou. E a mudança ficou para ser feita no ritmo correto que a situação pedisse, a conta-gotas.

O tempo passava, Carlos estava em uma espécie de febre para ir tomando as ações uma a uma, constante e pacientemente. Chegava a não sentir fome. A ida diária à academia parecia bastar para distraí-lo. Às vezes conseguia ir ao clube com Vera, e foram também a um espetáculo teatral. Nesses momentos, descansava. Vera continuava a ser uma excelente companheira, apesar de estar lidando sozinha com os problemas das filhas. Mas no geral poder-se-ia dizer que Carlos estava movido pela ânsia de acertar a fábrica. E os resultados estavam de fato melhorando. Menos o nível de fenóis dos efluentes, que continuava alto. Lembrou-se daquele fornecedor.

Ao chegar à fábrica, terminando a reunião matinal, se aproximou de Vítor, agora o responsável pelas lagoas de tratamento.

– Vítor, precisamos resolver essa questão dos fenóis. Você é engenheiro químico, não tem nenhuma ideia?

Vítor começou a falar sobre a dificuldade do indicador, muito apertado, a mesma história que ele, Lima, já havia falado ao jornalista.

– Pode parar Vítor, essa é uma desculpa verdadeira. Temos que sair dela.

– Desculpa verdadeira? Nunca ouvi essa expressão, Lima.
– Bem, é porque é uma desculpa (isenção de culpa) e verdadeira (não é uma invenção). Quando nos apegamos a uma desculpa verdadeira, dificilmente vamos resolver o problema. Ficamos em uma zona confortável, pois **a desculpa é verdadeira**.

Vítor riu.

– Só você mesmo, Lima. E tem alguma ideia?
– Alguém te passou o contato de um fornecedor que diz ter a solução?
– Não, ninguém falou nada.
– Eu já suspeitava. Pergunte à Dagmar, minha secretária. O nome da empresa é *Biossoluções*.
– O.K., eu vou fazer isso.

E se despediram.

O Prefeito tinha insistido muito, teve que aceitar. E lá estava ele, com outros "capitães da indústria", grandes comerciantes, vereadores, o promotor – que também resfolegava –, alguns secretários do município, diretores de escolas. Entre elas, do Senai. O programa que enfrentavam era uma caminhada à cachoeira da Cacimba, uma beleza do interior do município, situada nas profundezas de um grande pedaço de mata ainda preservada. A ideia era divulgar a parte mais bonita e ecológica da cidade. Mas a caminhada não foi mole. Tiveram que subir bastante por uma trilha que não estava bem cuidada.

Valeu a pena. A cachoeira realmente era linda. Um dos secretários municipais tinha levado uma cesta grande de piquenique, dessas antigas, com sanduíches. Outro levou uma grande garrafa térmica com suco natural.

Foi ótimo sentarem-se nas pedras, que ficavam em cima da relva, e se deliciarem com a vista, com o ronco da cachoeira, com a brisa, com os comes e bebes...

Pinheiro, o diretor do Senai, sentou-se bem ao lado de Lima. E puxou conversa:

– Lima, eu percebi nas reuniões do Painel da Comunidade, do qual participamos, que você quer realmente fazer mais pela comunidade. Estou certo?
– Sim, Pinheiro, 100% certo. E daí?
– Tenho uma sugestão. Nós dispomos de cursos profissionalizantes, como você sabe. Poderíamos elaborar um programa dirigido às pessoas da comunidade, cursos intensivos. Eu acho que em seis meses poderíamos formar mecânicos, caldeireiros, eletricistas, com um razoável nível de conhecimento. Esses cursos poderiam ser ofertados à comunidade e você e o Almeida – diretor de outra grande indústria do município – poderiam dar um jeito de aproveitar essa mão de obra. A comunidade iria vibrar, e vocês, melhorar o nível de seu pessoal contratado.
– Boa ideia mesmo, Pinheiro. Vou falar já com o Almeida.

E foi lá no interior da mata, perto da cachoeira, que Lima e Almeida esboçaram as linhas gerais do programa. O Painel era composto de uns trinta líderes de comunidade. Cada um teria o direito de indicar "x" pessoas, número proporcional ao tamanho da sua comunidade. Mas deveria ser um direito com responsabilidade: o líder comunitário deveria **garantir** a participação de seus indicados até o final de cada curso. Se houvesse desistência, na próxima rodada o líder perderia o direito a esta vaga e assim por diante. Desta forma, os líderes não iriam apenas fazer politicagem: só iam indicar quem realmente tivesse disposto a fazer. E os dois, Lima e Almeida, iriam dar um jeito de aproveitar os formados nas empresas parceiras de suas indústrias.

– Essa parte eu acho fácil – disse Almeida. – Basta colocar nos contratos que um percentual mínimo deve ser de pessoas da comunidade formadas no Senai. Os contratados vão até gostar.

– É, parece que todas as partes vão lucrar. E nosso conceito na comunidade vai subir ainda mais.

– Ei, vocês – disse o prefeito. – O que estão tramando?

– Nada, seu Prefeito, é só como vamos derrubar você – tornou Almeida.

– Do meu cargo?
– Não, da margem da cachoeira!
E todos caíram na gargalhada.
A volta foi mais tranquila; era descida e tudo correu bem. Todos se despediram. Lima voltou ao seu posto de trabalho contente, porque mais um passo importante havia sido dado.

Com o passar do tempo, o convênio foi assinado, os líderes ficaram bem contentes, o Senai cumpriu o que prometeu e as empresas contratadas ganharam mão-de-obra qualificada.

Lima está no seu escritório. Entra Vítor, que havia pedido para ter uma conversa.

– Bom dia, chefe. Tudo bem?
– Bem, as coisas já não estão cinza-escuro. Ainda não azuis, mas já não tão escuras. Tenho notado que sua área tem ficado mais bonita, mais arrumada...
– Você notou? Que bom! Estou fazendo uma reunião diária, cada vez com um grupo diferente de funcionários. E eles estão motivados, dando ideias. É, eu diria que as coisas mudaram.
– Legal, Vítor, eu sabia que ia ser assim. Mas qual é o assunto?
– Tive uma reunião com o Aguinaldo, o diretor da *Biossoluções*. Mais: visitei a empresa Paulista Química para ver os equipamentos desse fornecedor que estão funcionando. Olha, estou botando fé.
– E o que é?
– Bem, existem uns "big bags" com uma espécie de espuma que eles jogam na lagoa. O saco se enche do efluente e afunda. Na espuma, tem um composto químico que tem o poder de atrair radicais de fenóis. Os sacos são levantados e retirados por embarcações adaptadas. Elas os levam para a estação de tratamento deles onde conseguem que os radicais de fenóis se combinem com outros compostos, formando compostos inertes de nitrogênio que podem ser dispostos sem problemas nos resíduos sólidos.
– E funciona mesmo?

– Eles monitoram cada passo, fazendo análise físico-química de todos os itens do processo. Pelo meu conhecimento, vai resolver o nosso problema. Pode ser relativamente demorado para controlar todo o processo, mas vai resolver.

– "Vai demorar" quer dizer quanto tempo? – Lima pensava no acordo da NACIONAL com o órgão ambiental

– Uns seis meses, Lima.

– Parece muito bom, Vítor. Será que eles aceitam um contrato de risco?

– Já conversei com eles sobre isso. Na nossa negociação, eles topam, desde que utilizemos uma fórmula na qual 50% seja um valor fixo e 50% dependa do resultado alcançado. Acho que é o máximo que podemos ter.

– Está ótimo, Vítor. Pode mandar brasa! A propósito, você vai ao *happy hour* ecológico?

Lima se referia ao encontro na beira do riacho, onde desembocava a tal cachoeira que tinham visitado. Resolveram instituir um dia, saindo num horário em que todos os empregados horistas saíam, por volta das 17 horas – o "normal" era que saíssem mais tarde, entre 19 e 21 horas – para um encontro de lazer, no gramado que margeava um riacho, no parque da Prefeitura.

– Vou, por quê?

– Porque quero aproveitar para finalmente falar contigo sobre a mentalidade enxuta. Não falte!

Voltando ao problema do fenol, você sabe que eu poderia ter perdido essa oportunidade?

– Por que, chefe?

– Eu tinha em mente que fornecedores só queriam "tirar o couro" da gente. Um grande amigo abriu meus olhos. Fornecedores fazem parte da cadeia produtiva e merecem ser tratados com respeito.

– Eu era Gerente Comercial, se lembra? Sempre achei isso...

E riram. Estavam a essa altura bem felizes.

Outro momento. Estavam agora, Lima e Vítor, sentados no rancho que servia de bar à beira do riacho de águas límpidas.

Era um riacho de montanha, cheio de pedras, umas grandes, outras menores. Cid, que desenhava muito bem, até tinha feito um desenho do riacho.

– Observe o riacho, Vítor. Veja que existem muitas pedras, elas têm a base no fundo e alturas variadas. Algumas são bem pequenas, estão com a parte superior abaixo da linha de água. Outras um pouco maiores, outras maiores ainda, tão altas, que o topo ultrapassa a superfície do riacho. Esta é a melhor imagem que eu conheço para mostrar a filosofia da Mentalidade Enxuta. As pedras representam as necessidades operacionais e os problemas. O volume de água representa os recursos necessários para fazer frente às necessidades e aos problemas. A tendência natural, muito utilizada no passado, é aumentar o volume de água – os recursos – para literalmente encobrir os problemas. E a organização parece não ter nenhum problema, até que eles aumentam de tamanho ou então novos problemas aparecem. Alguns administradores pensam que é hora de aumentar novamente o nível – os recursos – em uma corrida louca, sem fim, de desperdício e desorganização.

– Entendi perfeitamente – disse Vítor. – O que temos que fazer é resolver os problemas. Aí estaremos como que "quebrando as pedras", e poderemos trabalhar com menos recursos; ou seja, seremos mais eficazes.

– É isso aí, garoto! – empolgou-se Lima. – E sua área, que tem como função também estocar nossos produtos, é chave nessa filosofia. Devemos procurar trabalhar com baixos níveis de estoques. Mercadorias em estoque significa que não foram transformadas em caixa, não estão gerando lucro, mas despesas. Quero ver se conseguimos trabalhar com o menor nível de estoque que esta fábrica já viu.

– Mas, chefe, tem um risco aí, não? Pode faltar produto final ou matéria-prima, não acha?

– É verdade, existe um risco. Mas não se nossos processos forem eficazes. Sempre.

– Obrigado pela aula, meu caro. Vamos tomar aquele chopinho gelado que a turma da Shirley providenciou para a gente?

– Vamos sim, nós merecemos.

Muitos meses se passaram. Entre tristezas e alegrias, os resultados estavam indo bem melhor. Dezoito meses transcorridos desde que Carlos entrara naquela mesma sala, mesa imponente, quadros na parede, secretárias na antessala. Ele fez um balanço mental e um prognóstico:

– Bem, acho que estou mais forte agora. Conseguimos atacar os pontos mais urgentes; ganhei certo tempo para resolver os mais importantes: o Grupo de Melhoria Contínua finalmente está funcionando, os resultados estão bem divulgados e as pessoas parecem mais motivadas; as mudanças na equipe foram para melhor; a nova avaliação de desempenho está fazendo o pessoal correr mais no sentido correto; a comunidade nos vê em alta conta e também as autoridades demonstram gostar de nós. É, parece que o novo ano promete ser melhor do que o que passou. Vamos ver.

Capítulo III: Batendo os Pregos até o Fim

Nesse momento, vieram-lhe à mente os graves problemas que teve que enfrentar no período, e como tinha, mesmo assim, conseguido manter os seus valores. Uma vontade de chorar, misto de alegria e emoção, aflorou. Mas aguentou firme. Lembrou-se do ditado que ouviu quando havia começado a trabalhar, recém-formado, "o bom cabrito não berra". E resolveu não berrar. Apenas desfrutar.

◀ **Capítulo IV** ▶

Hora da Verdade

Finalmente, Carlos e Vera conseguiram tempo, disposição e alguma tranquilidade para preparar um grande almoço para Publio. O evento foi marcado para um domingo.
No dia anterior, pela manhã, o casal fora ao mercado municipal escolher um peixe para a ocasião. Aquele lugar era mágico para ambos. As "vendas", parecidas com aquelas que pipocavam antigamente nos centros das cidades, tinham aquele cheiro de infância para os dois. Alimentos vendidos a granel, os proprietários conversando mansamente com clientes, tudo isso aquecia o coração de Carlos e Vera.
As brincadeiras do dono da peixaria com o nome do peixe escolhido só aumentaram a sensação de conforto:
– Quem vai ficar com o Namorado? Espero que seja ela – disse o japonês sorrindo.
– Hoje em dia a coisa está mudada, Akira-Sam, ele é para nós dois! – brincou Carlos, entrando no jogo.
E assim, com carinho, começaram as providências para o almoço de domingo.

E não era para menos. Carlos reconhecia o quanto aquela conversa com Publio lhe havia ajudado, em um momento tão difícil.

Onze e meia da manhã de domingo. Pontualmente, como era seu costume, chega Publio com sua esposa, Ilze.

Um agradável aperitivo, o almoço muito elogiado e lá estão os dois casais na varanda da espaçosa casa de Carlos. Ilze é dirigente de uma casa religiosa e logo engata conversa com Vera sobre religião e sobre a entidade filantrópica que também dirige, coisas que interessam muito à anfitriã. Carlos aproveitou, para perguntar:

– Publio, será que você está com tempo e paciência, para me ouvir por umas duas horas? Você sabe, é muito solitária a nossa posição de principal executivo de uma fábrica. E você é o interlocutor ideal. Posso abusar?

– Vá em frente, Lima!

Não havia jeito de Publio chamá-lo de outro jeito, há décadas que o chamava pelo sobrenome. – Mais problemas?

– Sim e não. Sim, porque vou relatar os principais a você, mostrando o quanto já foi útil nossa conversa de mais de um ano atrás. Não, porque esses problemas estão todos resolvidos ou encaminhados. Foram os mais difíceis que enfrentei nesse período, e por isso considero que cada um deles teve a **hora da verdade**, momento em que tive que exercer na plenitude meu papel de "arco", para mirar as flechas o melhor possível. Ressalto, Publio, que não estamos agora em nenhum mar de rosas. Tudo está "normal". E o "normal" é ter sempre problemas e juntos resolvê-los. Só o número e o tamanho deles é que finalmente estão diminuindo.

– E aposto que usou os conceitos da inteligência espiritual, não é?

– Sim, Publio. Se me permite, vou começar a relatá-los. O primeiro deles é o **caso dos solventes aromáticos**. Você se lembra, eu contei que o Sindicato estava panfletando, dizendo que nossa fábrica estava contaminando os trabalhadores.

– Sim, vá em frente.

– Pois é, a coisa engrossou. Como você sabe, nós fabricamos o solvente, e ele realmente tem potencial de ser cancerígeno. Antes de eu assumir a Diretoria Industrial da fábrica, houve forte articulação entre o Sindicato e a Delegacia Regional do Trabalho (DRT) que resultou no afastamento de vinte e três trabalhadores. Na mesma época, foi interditada uma área de estocagem e bombeio do solvente.

– Nossa, o pepino era grosso mesmo, Lima.

– Sim, mas quando assumi a fábrica, a área já havia sido liberada. Porém, os vinte e três empregados permaneciam afastados. E o diabo era que o médico da DRT estava certo de que a diminuição dos leucócitos nos hemogramas deles era decorrente de contaminação.

– E os médicos da NACIONAL, qual era a opinião deles?

– Como era de se esperar, Publio, eles eram de opinião contrária. Tive bastante contato com o Dr. Gianpietro, o médico especialista nessa área do Grupo NACIONAL. Ele me pareceu muito imparcial, em busca da verdade. Disse-me que o caminho seria a investigação, para cada um daqueles empregados, de outras causas que explicassem a diminuição de leucócitos no seu sangue. A legislação diz que, caso não se encontre nenhuma causa clinica ou laboratorial para a diminuição de leucócitos, isso então deve ser atribuído ao produto de exposição. Eu acho o Gianpietro competente e ético.

– E o Sindicato?

– Bem, o Sindicato não concordava com ele. E fez muito barulho por isso.

– O fato de você ouvir os sindicalistas naquela reunião não ajudou?

– Ajudou, a tensão diminuiu. E diminuiu mais ainda quando lançamos um "pacote" motivacional para os empregados, em parte incluindo reivindicações deles, como a possibilidade de mais uma troca de turno, a participação de técnicos de nível médio nos congressos e plebiscitos sobre o que eles entendiam ser importante...

– E então?

– No período, retomamos o programa de visita às autoridades, o que incluía o Delegado Regional da DRT. Essa foi uma ótima visita, ele sentiu sinceridade em mim e no Leal, Gerente de Produção, que foi comigo. Nossa intenção não era a de conversar sobre o assunto, mas ele mesmo teve a iniciativa. E ficou espantado quando contamos que o médico da DRT ameaçou fechar nossa fábrica em uma reunião que tivemos com ele e o Sindicato. Disse que o médico não tinha delegação para isso. Qualquer interdição tinha que ter sua própria anuência. E mais: disse-nos que não aprovaria nenhuma interdição sem ouvir-nos também.

– Legal, Lima. E daí?

– Ele nos recomendou maior aproximação com o Sindicato para, juntos, resolvermos o impasse. E nós já estávamos nos movimentando nesse sentido.

– Parece que as coisas estavam melhorando...

– É, mas o médico da DRT nos tinha denunciado ao Ministério Público. Isto estava no nível de competência dele. Ocorreu então um dos momentos mais difíceis pelo qual passei como Diretor Industrial.

– Qual foi, Lima?

– O médico da DRT, o Sindicato e o Promotor Público elaboraram uma minuta de um TAC (Termo de Ajuste de Conduta) para assinarmos. Nele havia uma série de providências que deveríamos tomar. A maioria delas até muito boas, para garantir de vez nenhuma exposição e, também, para submetermos os empregados afastados a exames mais detalhados para, segundo eles, comprovar a contaminação.

– Mas assinar isso não seria uma confissão de culpa?

– Publio, você é bom mesmo. Foi esse o pensamento da diretoria da NACIONAL. Assinar um TAC, sem a certeza de que tínhamos de fato contaminado os trabalhadores, seria impraticável, segundo a diretoria. Não recebi a autorização para assinar o tal TAC. Fazendo isso, haveria um efeito dominó, todas as outras fábricas petroquímicas iriam ter em seguida o mesmo problema, sob esse argumento. Afinal, todas fabricam ou lidam com esse solvente aromático.

– Nossa, que pepino! O promotor de um lado e a Diretoria do outro. E como se saiu o nosso "recheio do sanduíche"? – falou sorrindo Publio. Esse bom humor dele sempre ajudava.

– Pois é. O promotor mandou uma convocação para assinarmos o TAC, tendo como testemunhas o médico da DRT e um representante do Sindicato. No dia em que fui para o que seria a assinatura do TAC, eu estava muito nervoso, não sabia como seria a reação do promotor à minha negativa. Será que mandaria me prender? Sentia-me sem saída, até que pensei, "ou encontro um caminho, ou construo um".

– Espera aí, essa frase é atribuída a Aníbal, o general de Cartago que derrotou o exército Romano.

– Você sabe tudo, Publio. Eu sabia que eu tinha lido isso, mas não onde. Bem, retomando, chegou a **hora da verdade**: o promotor convidou-me a me manifestar. Eu comecei dizendo que eu era engenheiro, não médico ou advogado, e assim eu tinha que me valer desses profissionais de minha empresa para tomar decisões. E a nossa decisão era de não assinar o TAC, porque não temos os dados suficientes para admitir que estejamos de fato contaminando nossos empregados.

O promotor bufou. Fuzilando-me com um olhar de espanto, disse:

– O senhor sabe o que pode acontecer com o senhor?

Nesse momento, o médico do DRT disse:

– Viu, doutor? Eu falei que esses senhores não eram sérios.

– A ajuda veio de onde eu menos esperava – continuou Lima a narrativa. – Galdino, o diretor do Sindicato, um dos que estavam presentes em minha reunião com eles, disse: "Calma, pessoal! Eu sugiro que façamos uma pausa para uma negociação unilateral." O promotor assentiu e os três, Galdino, o médico do DRT e o promotor se reuniram separadamente.

– E você?

– Eu fiquei ali, sentado, com o Fernando de RH ao meu lado, rezando... A espera foi terrível. Por fim retornaram.

– Bem, senhor Lima – disse o promotor. – Parece que o Sindicato quer dar um voto de confiança à sua empresa. Vou dar um prazo de 45 dias para vocês entrarem num acordo escrito sobre a questão que contenha cláusulas semelhantes às do TAC proposto. Se vocês chegarem a um acordo, eu o homologo sem o TAC. E a DRT ficará responsável por ajudar a fiscalizar quanto ao cumprimento do acordo.

– Foi com alívio que olhei para o diretor do Sindicato, agradecido. E disse: sim doutor, sem dúvida, chegaremos a um acordo.

E de fato chegamos. Após muitas conversas e negociações, saímos com um acordo. Ele era composto de 24 itens; em quase todos cedemos, menos no que tratava da instituição que faria os exames complementares nos vinte e três empregados, que era o nosso ponto de honra. Eles queriam uma instituição pública, afinada com as ideias do médico da DRT. Acabamos elegendo o hospital de referência Einstein, com todas as despesas bancadas por nós. Se ficasse comprovada a contaminação em algum trabalhador, ele receberia o tratamento no padrão Einstein, com todos os gastos por nossa conta. Eles não tiveram como recusar.

– E como está agora a situação? – perguntou Publio.

– Bem, os itens relacionados às melhorias nos equipamentos, como a colocação de sensores eletrônicos de detecção em toda a fábrica e a troca de bombas da área, para bombas totalmente seladas, estão em andamento, em acompanhamento cerrado de meu novo Gerente de Engenharia, através da curva de avanço ou curva "S".

Mas o mais importante é que após uma minuciosa investigação pelos médicos do Einstein, apenas cinco dos vinte e três continuam sob suspeita. Os outros 18 já voltaram ao trabalho, com tratamentos diversos. Como, por exemplo, o das doenças autoimunes, que não tem nada a ver com exposição ao solvente.

– E o Sindicato?

– Está considerando como uma vitória. Afinal, a maioria dos itens eram reivindicações antigas deles, as quais finalmente a fábrica Areal está implementando.

– Ficou bom, *meus parabéns*, disse Publio. Vamos para outro?

Vera acabava de trazer o café. Cheirinho bom, de fazenda, disse Publio. Tomaram, degustando. Lima retomou o relato:

– O próximo item você me ajudou. Eu fiquei tão na dúvida que te consultei por telefone, lembra?

– Ah, foi naquela questão de **Verba para promoção x Avaliação pelos resultados**, não foi?

– É isso aí, Publio. Eu penso que arrisquei bastante. Criei um sistema de avaliações que, posso dizer, foi revolucionário. Acho mesmo que foi um dos grandes vetores para a melhoria dos resultados. O próprio Grau de Satisfação dos Empregados disparou. Antes, o nosso era um dos últimos no ranking do NACIONAL. Neste ano já ficamos em quinto e a minha expectativa é que vamos, no próximo ano, partir para as "cabeças".

– Lembro-me, sim, Lima. Quando você fez as contas, segundo os indicadores e os pesos de cada gerência nos indicadores, "deu zebra". Ou seja, as gerências que tradicionalmente recebiam mais para seus integrantes ficaram abaixo de gerências consideradas de apoio, como Recursos Humanos e Serviços Gerais.

– Sim, Publio, como eu disse na época, o Gerente de Produção da área I é o Gerente Executivo que mais admiro, ele é um "boi" para trabalhar, mas o problema é que o pessoal dele é um dos mais insatisfeitos da fábrica, até por tradição.

E a **hora da verdade** foi quando, apoiado por você, eu decidi manter o critério, mesmo com esses desgastes. O que é combinado não é caro.

– E deu certo? – perguntou Publio.

– Olha, vejo que o Leal, que agora, inclusive, é o meu substituto, até hoje não engoliu direito a história, porque sua área foi a que mais perdeu. Em compensação, o clima geral parece que até vem melhorando, porque o critério para o próximo ano será o mesmo. E gerentes das áreas que nunca eram prestigiadas estão se doando cada vez mais. Não tenho condições ainda de dizer que deu certo, mas o que sei é que parece que estamos no caminho certo.

Um planador passou no céu, ao alto. Chamou a atenção dos dois amigos.

– Lima, você ainda é piloto de planador?

– Não, Publio. Infelizmente não encontrei um clube nas mesmas condições daquele que te levei para visitar. Mas faço deles aeromodelos. E quando posso, vou "brincar" um pouco.

– É, você me disse na época que a sensação de voar é maravilhosa. Eu faço ideia: aquele barulho suave constante do vento, a vista esplendorosa, a sensação de euforia quando pega uma térmica...

– Nem me diga Publio. Tenho saudades... Mas vamos ao meu relato, é uma espécie de desabafo. Espero que eu não esteja te incomodando...

– Não, vá em frente!

– Bem, o próximo é um **suicídio de uma empregada contratada, dentro da fábrica**.

– Que é isso, Lima? Ninguém me falou nada, não saiu nada na imprensa.

– Conseguimos segurar as informações, Publio, pensando na família da moça e também na de um nosso empregado.

– E como foi?

– Bem, eu também me assustei quando me avisaram. Peguei o carro e corri para a fábrica, lá pelas 19 horas. Chovia fininho. Quando cheguei, a moça, uma supervisora de empresa contratada, ainda estava esticada no chão de seu container de trabalho. Estranharam que ela não compareceu na Van de sua equipe no horário de saída e foram lá. Tiveram que arrombar o escritório provisório, que estava trancado por dentro, e encontraram o corpo, já sem vida. Tinha tomado veneno.

– E o motivo, Lima?

– Naquele momento nada sabíamos. A polícia, os peritos e até dois diretores do nosso Sindicato chegaram mais ou menos

na mesma hora que eu. Mais uma vez os contatos anteriores feitos me ajudaram. Eu tinha visitado o delegado. Liguei para ele e pedi sigilo. Ele me respondeu que, por parte deles, O.K. Mas não garantia nada, se os repórteres fossem bater na delegacia.
– E o pessoal do Sindicato?
– Bom, estavam lá o Raul e o Galdino. Dois caras muito combativos e politizados, mas também bem justos. Eu os chamei de lado, e garanti para eles que teriam acesso a tudo que eu soubesse, assim que eu tivesse as informações. Em contrapartida, pedi que não se manifestassem até então. Eles concordaram.
– E depois?
– Acionamos a área de inteligência da NACIONAL. O pessoal descobriu, mediante mensagens no celular e também por e-mails da vítima, que a supervisora mantinha um relacionamento amoroso com um supervisor de Mecânica da própria NACIONAL, casado e que tinha acabado tudo com ela para ficar com a família. Ela não se conformava; as mensagens e e-mails eram cada vez mais assustadores; ao final, por várias vezes, ela tinha mencionado a palavra "suicídio". Chamamos o empregado envolvido e, confrontado com as provas, ele confirmou tudo. Para nós estava elucidado.
Imediatamente pedi para chamar o Raul e o Galdino do Sindicato. Como havia prometido, mostrei todas as provas, inclusive mencionei a confissão do nosso supervisor. Eles agradeceram e saíram tristes, mas tranquilos. Pedi sigilo, em nome das famílias dos envolvidos.
– Então, tudo acabou bem!
– Não acabou aí, Publio. Dois irmãos da vítima se revezavam ligando para o Fernando, nosso Gerente de RH. Falavam em "assédio moral", excesso de trabalho. Queriam que nós caracterizássemos o evento como acidente de trabalho. Eles desconheciam a história toda. O diretor do Sindicato dela, que era outro, que não o nosso, também havia ligado. Ao final, estavam ameaçando colocar o caso na justiça.
– E os advogados da NACIONAL? O que aconselhavam?

– Tanto os dois advogados que estudaram o caso, como o meu Gerente de RH, o Fernando, opinaram para que entregássemos o material coletado para a polícia. Com isso, ela encerraria o inquérito e a outra parte não teria força jurídica.
– E você?
– Eu estava sinceramente preocupado com a reputação da moça. Ficamos sabendo que ela tinha um noivo. E também com a reputação do nosso funcionário perante seus filhos. Então, tive uma ideia: fui conversar com o Comandante da PM da regional, que eu também havia visitado. Fui-me aconselhar com ele.
– Nossa, Lima, isso parece história de filme. E tudo isso aconteceu com você, dentro da sua fábrica...
– Pois é. Como disse, fui conversar com o coronel Basso, o comandante da PM. Ele me pareceu, quando o visitei anteriormente, um homem firme, decidido, mas ao mesmo tempo generoso.
– E o que ele falou para você? Qual foi o conselho dele?
– Ele não me disse o que fazer. Disse apenas que, com sua experiência, tinha certeza de uma coisa: que se eu entregasse as provas à polícia, alguém certamente iria vazar a história para a imprensa. Ela tinha todos os ingredientes para ser notícia de chamadas até em noticiários televisivos. Ali, naquele momento, eu tomei a decisão de contar a história toda para a família, e pedir que, como eu, eles respeitassem a memória da irmã.
– E fez?
– Sim, eu pedi para o Fernando arrumar uma visita minha para o irmão mais velho, que parecia ser o mais ponderado. E lá fui eu, contrariando a opinião de meus especialistas, falar com o irmão da vítima. Eu penso que essa **hora da verdade** foi a mais difícil de todas. Entrei, fui bem recebido. Expliquei com jeito os fatos apurados, entreguei as provas, pedindo que, em atenção ao meu gesto, ele desistisse de qualquer ação contra o nosso funcionário. As provas mostraram que, ao final, ele tinha sido justo e honesto, mas ela não teve estrutura psicológica para suportar o rompimento.

O irmão pediu para ler os papéis. Leu tudo com calma. Pediu para entrar no quarto e que eu esperasse um pouco. Gelei. Mas o que ouvi foram soluços abafados vindos do lado de dentro. Ele voltou com os olhos marejados e me disse: "Obrigado, chefe! Pode ficar tranquilo que vou falar com meu irmão, e se preciso – eu acho que não será preciso – com o ex-noivo dela".

– Puxa, que bom que tenha sido assim!

– É, eu às vezes penso que tive mais sorte que juízo neste caso.

– De jeito nenhum, Lima. Você agiu com foco na verdade, com verdadeira generosidade. Por isso deu tudo certo. Diga-me, e o inquérito?

– Bem, o Hugo, nosso Gerente de Segurança, que tem alguns contatos mais frequentes com o delegado, nos informou que tudo indica que será arquivado, mesmo sem terem levantado a história toda.

– Muito bem. Vamos à outra "hora da verdade", estou curioso.

– A outra está relacionada com um **furto de cargas de solvente** por um empregado próprio da NACIONAL.

– Vocês também tiveram isso? Nós também. É muito desagradável lidar com isso, Lima.

– É muito. Veja o nosso caso: eu estava imerso, resolvendo outros problemas, quando recebi o telefonema pelo celular do Diretor Geral do Centro de Pesquisa do Grupo NACIONAL, um amigo dos tempos que gerenciei a implantação de novas Unidades de Processo em outra fábrica. Após os cumprimentos de praxe, ele me disse que alguém da área de logística da empresa havia detectado que um funcionário da fábrica Areal havia solicitado dois mil litros de solvente para testes no Centro de Pesquisa. E ele lembrou que a quantidade utilizável para testes era de apenas algumas dezenas de litros. Como ele, Luís Antônio, me conhecia, resolveu ligar primeiro para mim.

– E você confirmou?

– Sim. Mais uma vez acionei o Serviço de Inteligência da NACIONAL. Após investigações, eles chegaram a um supervisor de Vendas, nosso funcionário. Ele conseguia falsificar e-mails. Enquanto o pedido do Centro de Pesquisa era, por exemplo, de vinte litros, ele o transformava em dois mil litros e "reencaminhava" o e-mail à área de logística. Chegaram à conclusão de que ele havia desviado cerca de dez mil litros de solvente, para vender no mercado negro.

Instalei uma comissão interna para apuração completa dos fatos. Instruí Valmir, Gerente Executivo de Processos, a quem nomeei coordenador da comissão, a apertar o cidadão até a confissão de culpa, pois havia evidências importantes. Por sugestão do meu chefe, o Diretor Geral de Operações, recomendei que, caso necessário, negociasse a confissão em troca de demissão simples, sem justa causa; e em caso de devolução do valor correspondente em espécie, mesmo que não fosse total, a polícia não seria acionada. A ideia era não envolver a NACIONAL em noticiário negativo, ao tempo em que seria oferecida uma saída honrosa ao funcionário, cuja família, conhecida de muitos, era gente honesta.

O Valmir conseguiu negociar nos moldes recomendados. O funcionário foi despedido, sem justa causa, depois de pagar 80% do valor desviado. O reembolso teve o mesmo valor que a empresa deveria pagar pela rescisão do contrato de trabalho. Ele fez a confissão por escrito e assinou.

– Pô, esse Valmir é bom mesmo para essas coisas, hein? Não é fácil. Normalmente esses caras são "lisos" – comentou Publio.

– É, ele é muito bom. Honesto, firme, tem bom conhecimento técnico e é determinado. Tive alguns problemas nas relações com ele; determinação em excesso pode virar teimosia. E às vezes, quando toma uma determinada posição, fica difícil para ele aceitar outra. As psicólogas chamam isso de "rigidez". Eu tive uma boa conversa com ele; franca, aberta mesmo, e melhorou!

Mudar uma pessoa só com uma reunião é impossível. Mas pelo menos chegamos a um acordo: quando eu quiser mesmo fazer alguma coisa com a qual ele não concorda, é só dizer: "Não é um pedido, é uma ordem". De meu lado, prometi utilizar esse recurso somente quando a questão for muito importante para mim. E desde então, temos uma convivência razoavelmente pacífica.

– Mas o problema não termina aí – continuou Lima. – A demissão se tornou pública e, daí a pouco, minha secretária avisou que dois representantes do Sindicato, Carlão e Raul, queriam falar comigo. "Dizem que não arredam pé enquanto não forem recebidos", acrescentou ela.

– Bah, e aí?

– Aí que eu mandei deixá-los entrar imediatamente. O Carlão era o diretor mais temido do Sindicato. Era agressivo e impetuoso. Naquele momento, ele falou: "Ficou louco, Lima? Como você manda embora assim um companheiro? E sem nos consultar antes? Isso não se faz." Essa foi a **hora da verdade** neste caso.

– Sentem-se, por favor, que eu vou explicar. Se os tivesse consultado, talvez eu não conseguisse mandá-lo embora. E eu, ou melhor, todos aqui na fábrica, nós precisávamos nos ver livres dele. Eu sei como é a atuação de vocês nesses casos. "E daí? Pior ainda, foi de caso pensado. Isso é um desrespeito", tornou Carlão. "Eu gostaria que vocês dessem uma boa olhada neste material", repliquei, passando-lhes a pasta com o relatório da comissão, que tinha anexa a confissão de culpa assinada pelo empregado. "Tomem tempo. Leiam com calma", concluí.

E eles leram.

Quando acabaram de ler, o semblante era outro. Mesmo assim, insistiam em dizer que eu não podia fazer isso sem consultá-los. Aí, apelei:

– Vocês querem defender um ladrão? É isso mesmo que vocês defendem? Só porque o cara é um empregado, ele é bom de qualquer jeito, mesmo que seja ladrão? Francamente, eu os tinha em alta conta. Aliás, ainda os tenho, acho que vocês estão é um pouco alterados, só isso.

Eles então responderam que essa não era a última palavra, que iriam fazer uma reunião da diretoria do Sindicato, que podia ser deflagrada uma greve, uma porção de coisas. Mas eu

sabia que eles já estavam caindo em si. E que muito provavelmente, não ia dar em nada. Como não deu.
 Já era 14h30min. Lima, preocupado, pergunta:
 – E aí, está disposto mesmo a ouvir tudo? Tenho mais dois casos pra relatar.
 – Vai em frente, Lima. Estou gostando, e até aprendendo.
 – Bondade sua, meu amigo. Vamos lá: o próximo é um **acidente fatal** na fábrica.
 – E como foi? É sempre bem desgastante.
 – Bem, naquele dia, estávamos em uma reunião difícil, eu e todos os Gerentes Executivos, para escolher quais de nossos engenheiros seriam nomeados "consultores". São vagas muito cobiçadas e todos sempre brigam muito pelos seus indicados, que são de sua área. Instituí um processo de votação múltipla, mas as defesas de cada "patrocinador" estavam cada vez mais veementes.
 No meio da reunião, vem uma informação: o pessoal da Segurança Patrimonial descobriu indícios de que seria deflagrada uma greve no dia seguinte, por questões salariais. Até então, eu não tinha enfrentado uma greve como Diretor Industrial de fábrica.
 – E aí? Acho que vocês mudaram de pauta imediatamente.
 – Sim, claro. E foi mais um problema sério. Tínhamos muitos "falcões" e alguns poucos "pombos" entre os Gerentes Executivos. O primeiro grupo queria enfrentar a greve como sempre faziam, ou seja, além de segurar todo o pessoal do turno da noite, trazer de madrugada mais um monte de gente alinhada com a Administração, mas que não queria enfrentar os piquetes. O pessoal do Sindicato mais os empregados alinhados com eles ficavam sempre muito injuriados com isso. Isso esvaziava a greve e, como resultado, as ações dos dois lados ficavam cada vez mais radicais. Essa exacerbação dos ânimos havia resultado, uns doze anos atrás, na ocupação da fábrica pelo Sindicato.
 – Eu me lembro, Lima. Isso foi notícia em vários órgãos da imprensa.

Capítulo IV: Hora da Verdade ◂ 117

– Pois é. Como Diretor Industrial, eu sabia que esse caminho era ruim. Naquela reunião inicial que tive com os diretores do Sindicato, essa era uma das mais incisivas reclamações deles. Eles inclusive me prometeram que se não fôssemos tão radicais, eles também não seriam. Então eu fiz um discurso mais ou menos assim: "Pessoal, eu aprendi em minhas pesquisas de mestrado que um dos segredos do sucesso das fábricas japonesas é a confiança mútua Gerência-Empregados. E que o *primeiro passo para obter confiança é confiar*. Eu acredito nisso. Aliás, episódios recentes me mostraram que estabelecemos uma relação de confiança com o Sindicato. Não podemos perder isso. Em seguida citei os casos do solvente aromático, do suicídio dentro da fábrica e do furto do solvente. Em todos eles, o Sindicato nos deu um voto de confiança. E cumpriu a sua parte.

Os meus argumentos parece que haviam surtido efeito. Um dos "falcões" passou a me apoiar, assumindo nesse momento uma situação intermediária. Foi quando tocou o celular da Suely, Gerente Executiva de Serviços Gerais. Todos tinham a instrução de nos ligar, quando em reunião, somente em emergências. Assim, todos ficaram muito atentos.

– Pessoal – disse ela – Houve um acidente grave no limite de propriedade da fábrica. Pelo que entendi, um entregador, ajudante de um caminhão que trouxe tijolos, sofreu um soterramento.

Quase todos ficaram lívidos.

– Mais alguma informação? – alguém perguntou.

– A ambulância está chegando ao local. Vou pra lá ver o que de fato ocorreu com o acidentado – respondeu Suely.

Mais um tempo, e ela ligou para mim. O rapaz estava morto. Imediatamente liguei ao meu superior, como mandava o procedimento. Maia foi profissional, não me deixou mais angustiado do que eu estava. Apenas quis mais detalhes do acidente. E a esta altura, eu já tinha. O acidentado havia se posicionado dentro de uma vala, ninguém sabe o porquê. Era uma vala funda, e estava inclusive interditada, fita zebrada em volta, com placas de aviso, pois poderia desbarrancar a qualquer momento.

O movimento de outro caminhão fez a terra se movimentar e soterrou o camarada, sem que o motorista percebesse. O colega só se deu conta da falta do rapaz quando ia sair com o seu caminhão. Procuraram todos, até encontrá-lo já sem respirar, após cavoucarem debaixo da terra. Chamaram a ambulância, mas ninguém pôde fazer mais nada.

– Puxa Lima. Mas que acidente mais bobo!

– É isso aí – disse Lima. – Quando apresentei esse acidente ao *Board* da empresa, conforme o procedimento, um dos conselheiros até falou: "Senhores, com esse tipo de comportamento das pessoas, como vamos conseguir zerar as fatalidades? O que a equipe e o Lima poderiam ter feito?"

– Mas a **hora da verdade** dessa ocorrência – acrescentou – foi quando, ainda na sala de reunião dos gerentes, recebi a notícia de que o rapaz havia de fato falecido. Eu consegui reagir com tranquilidade, dizendo aos nossos gerentes: *Vocês repararam que nossos grandes problemas parecem ter sido cada vez menores?* Quando me perguntaram, esclareci: *Quando soubemos da greve, a indicação dos consultores, que era tensa, pareceu moleza. Agora, com essa notícia de fatalidade, uma situação de greve até que não é **tão** ruim assim, não é?*

– Muito bem, Lima – interrompeu Publio. – Escuta: há algo que destacaria como fator de sucesso em todas essas situações tão críticas superadas por você?

– Primeiro: não foram superadas somente por mim. Também por minha equipe. Existe uma frase de um ministro metodista americano, que diz: "Ninguém consegue assobiar uma sinfonia inteira, é necessária uma orquestra inteira para isso." Feita essa ressalva, eu diria que além da atitude, sobre a qual conversamos bastante naquele dia em sua fábrica, eu diria que é a **comunicação**. Os empregados gostam de comunicação transparente, rápida e direta. Eu não deixava de me comunicar com toda a força de trabalho, fossem boas ou más as notícias. Isso deu credibilidade, inclusive junto ao Sindicato. Eram notícias curtas, em um informativo que já existia antes, o *Areal notícias*. Como na maioria das empresas, ele era, digamos assim, um portador só de boas notícias, com loas à administração da fábrica. Isto não funciona; o empregado não aceita manipulação. Esse nosso informativo não tem periodicidade estabelecida, é utilizado em *mail-list* para todos os empregados próprios e também, em papel, para os empregados contratados. Foi assim que divulgamos sempre que havia um vazamento do tal solvente supostamente cancerígeno e as ações que tomávamos para contê-lo; as listas de empregados que recebiam promoção; o falecimento da moça que se suicidou; a fatalidade que infelizmente ocorreu; e também sempre que alcançamos um bom resultado ou batemos um recorde.

– Mas você divulga tudo mesmo? Por exemplo, a questão do furto de solvente?

– Aí não, Publio. Quando é absolutamente imprescindível a manutenção de sigilo, não divulgamos. Outro exemplo são as razões que levaram a supervisora da contratada a suicidar-se. Isso não pode ser divulgado.

– Ah bom. Temos que ter certo cuidado.

– O problema, Publio, é que em nome deste "certo cuidado", os Gerentes não divulgam *nenhuma* notícia ruim. Eu digo sempre que é melhor que os empregados saibam primeiro da nossa versão do que a versão do boletim do Sindicato, que sempre vai aparecer quando se tem algum tipo de problema e não damos a nossa versão.

– Bravo, Lima. Melhor que a encomenda. Mas, diga-me: e o pessoal que trabalha em turno? Não é mais difícil atingi-los?

– É sim. Para minimizar isso, passamos a convidar o Coordenador de Turno, um Técnico de nível médio, para as minhas reuniões com os Gerentes Executivos. Claro que, vez ou outra, temos alguns assuntos cuja divulgação em massa não é conveniente. Nesses casos, não o convidamos. Mas são poucas. Quanto mais transparentes pudermos ser, melhor. E esse Supervisor de Turno passa as informações ao outro coordenador e assim por diante.

– Ei, vocês dois! A conversa parece estar muito boa, mas vocês não querem dar uma paradinha e comer um lanchinho?
– perguntou Vera que se acercou junto com Ilze.

– Sim, claro, querida. O que temos?
– Temos aquele café do Sul de Minas com chocolate meio amargo.
– Mas será que eles também gostam como a gente?
– Sim, Carlos, eles também a-do-ram! Eu tive o cuidado de consultar a Ilze...
– Você, para uma psicóloga, até que está entendendo bem de planejamento – replicou Carlos.
– Também, com um "general" aqui em casa planejando o tempo inteiro! – e todos riram.

Terminando o café, conversando sobre a cidade e os eventos culturais por um tempo, ao final Carlos perguntou:
– E aí, Publio, tem tempo para um último relato?
– Sim, meu caro. Sou *todo ouvidos*.

Nesse momento, Vera e Ilze passaram para a varanda. Publio e Carlos continuaram sentados à mesa. Carlos continuou:
– O último diz respeito à **mudança no regime dos turnos de revezamento**.
– Isso até eu sei que era tabu na fábrica de Areal do Grupo NACIONAL. Todas as outras trabalham em três grupos de oito horas. Só vocês trabalhavam em quatro turnos de seis horas – disse Publio.
– Você é um cara bem informado. É isso mesmo. O problema é que temos algumas desvantagens importantes com quatro turnos em vez de três. A maior delas é que temos uma interface diária a mais de passagem de informações, motivada pela troca de turno adicional, mas existem outras: como sempre existe lanche e/ou almoço e jantar, o tempo útil produtivo fica menor, os deslocamentos casa-trabalho ficam supervalorizados ao se trabalhar apenas seis horas por vez; a própria segurança é prejudicada, pois quase sempre os procedimentos devem ser passados para mais outro turno. E tinha também a questão do número de empregados por turno, que poderia ser menor com 3x8 do que 4x6. É fogo!
– E porque não mudaram antes? Parece-me que o salário do pessoal é maior no turno de oito horas, não é?

– Exato, Publio. Proporcionalmente às horas trabalhadas.
– E porque o pessoal não queria a mudança?
– Ai que está: a maioria *queria* a mudança. Mas a posição política do Sindicato sempre impediu, quando foi tentada à força. Nesses momentos, o pessoal preferia politicamente seguir o Sindicato e boicotavam qualquer tentativa de mudança. A minoria barulhenta calava a maioria silenciosa.
– E como se saíram desta?
– Nesse caso, a **hora da verdade** foi quando não fechamos os olhos ao problema. Às vezes um problema é tão grande e tão complexo que muitos preferem fechar os olhos e não ver. Começamos um trabalho de "formiguinha". O Fernando, da área de RH, e os outros Gerentes com mais intimidade com o pessoal passaram a identificar alguns líderes naturais dos turnos. E passamos a ter conversas honestas e francas com cada um, explicando as vantagens para todos. Esses líderes naturais é que puxaram a turma e finalmente forçaram a realização de uma assembleia aprovando a realização de um plebiscito entre todos trabalhadores de turno para resolver a questão. A diretoria do Sindicato não gostou muito, porque eram da turma dos "históricos" que não queriam a mudança, mas o fato é que o turno 3x8 ganhou por ampla maioria. Hoje estamos lá, nessa situação, e a grande maioria parece bem satisfeita com a situação.
– Mais um "pepino" resolvido. Estou impressionado.
– Saiba, Publio, que você tem grande participação nisso, com seus conselhos. E "a luta continua, companheiro".
– É, a luta continua – respondeu Publio, brincando com o bordão utilizado pelos trabalhadores que de certa forma também era deles, diretores trabalhadores. Por que não?
Quando se despediram, Carlos sentia que tinha tirado um grande peso de cima dos ombros. Contar tudo aquilo, tendo a aprovação do amigo e mentor, tinha sido muito, muito bom.

◀ **Capítulo V** ▶

O Essencial às Vezes É Muito Visível aos Olhos

Dois anos haviam se passado desde aquele amedrontador telefonema de Márcio, o Diretor de Confiabilidade do grupo empresarial no qual ele tinha praticamente ameaçado Carlos com a venda da fábrica de Areal para um grupo espanhol.

Carlos levantou-se da cadeira de seu escritório e ajeitou um dos quadros, que estava torto. Pensou: "O Márcio pediu-me para vir aqui e fazer *benchmarking*. Por quê? Afinal a empresa possuía um processo sistematizado de coleta e disseminação de melhores práticas, por meio de videoconferências. Não era normal a visita de um Diretor do Escritório Central da empresa a uma das fábricas do grupo com esta finalidade"...

Ainda imerso em seus pensamentos, percebeu que Dagmar entrou na sala, junto com um Márcio, desta vez, bem amável e risonho. Bem diferente daquele que tantas vezes lhe havia cobrado e até ameaçado.

– Bem-vindo Márcio – disse Lima, sem nenhum ressentimento no tom de voz. – Sente-se, por favor, ou prefere a sala de reuniões?

– Aqui está bom. Obrigado, Dagmar – disse, despedindo-a da conversa. E começou: – Bem, imagino que você esteja curioso com a minha visita.

– Sim, confesso que estou. Do que vamos falar especificamente?

– Você sabe, é claro, que o Maia foi designado como Presidente de nossa empresa coligada no México. O José Carlos, o novo Diretor Geral de Operações do grupo aqui no Brasil vai fazer algumas alterações. Vai fazer um rodízio envolvendo três Diretores Industriais das fábricas e dois Diretores no Escritório Central. Essa informação ainda é confidencial, por favor, não a divulgue.

– Márcio, como você sabe, "a Rádio Peão aumenta, mas não inventa". Já há rumores sobre as mudanças, só não sabem exatamente quais...

– Pois é. De qualquer forma peço sigilo. Seguinte: eu vou deixar o Escritório Central e vou ser novamente Diretor Industrial numa de nossas fábricas, a de Ligiana.

– Puxa, Márcio! Ligiana é a nossa segunda fábrica em capacidade e passa atualmente por alguns problemas de confiabilidade e segurança. Vai ser um desafio!

– É por isso que estou aqui. O José Carlos tem convicção de que, além de todas as técnicas que ambos conhecemos, a chave do sucesso está na relação entre as *pessoas*, e veja, ele tem convicção de que você tem maestria em lidar com gente. Foi ele quem me mandou aqui para aprender com você...

Lima notou alguma coisa ruim no tom dessa última frase, mas não se influenciou por isso. Estava decidido a cooperar com o colega, lembrando-se de um dos itens da inteligência espiritual: *cuidar das outras pessoas, ajudar sempre*. E disse:

– Fico contente que o José Carlos tenha essa opinião. Vá em frente.

– O motorista que me trouxe do hotel estava todo orgulhoso, mostrando-me um relógio de qualidade, de marca japonesa. Disse que todos os empregados, próprios e contratados de rotina, ganharam um igual. É verdade?

– Sim, é verdade. Olha aqui o meu – disse, exibindo o relógio no pulso. – Foi esse o brinde deste ano, para comemoração do aniversário de fundação da fábrica.

– Mas, Lima, você não acha que o valor do brinde é muito alto? Você pediu autorização do Maia ou do José Carlos?

– Por partes: não, não acho o valor alto. Compramos 2.100 relógios. Sendo um relógio diferenciado, saiu por R$ 80,00 a unidade. Então, tivemos uma despesa total de R$ 168 mil.

– E não é muito?

– Não acho. Subimos, nestes dois anos, o nosso Fator Operacional em aproximadamente 8%. Você sabe que isso representa um ganho anual de mais de R$ 140 milhões, não é?

– Sim, mas esse raciocínio é perigoso. O lucro da empresa justifica praticamente qualquer coisa, e isso pode levar a um "oba oba" muito prejudicial ao Grupo NACIONAL.

– Concordo com sua última frase, Márcio. Eu prático a política do Pinheiro Machado.

– Do Pinheiro Machado? Que política é esta?

– Não sei se você sabe, mas Pinheiro Machado foi o senador mais poderoso do Brasil, quando o Presidente da República era Hermes da Fonseca. Dizem que ele mandava tanto ou mais que o Presidente. Assim, era amado por uns e odiado por muitos. Um dia, ele compareceu a um evento fechado. Na saída, vários populares cercaram seu carro, ameaçando e bradando palavras de ordem. O motorista dele perguntou: "E agora?" – e ele respondeu: "Toca; não vá tão rápido que pareça que estamos fugindo, nem tão devagar que pareça que estamos provocando!".

– É até engraçado – sorriu Márcio. – Você quer dizer que o ideal é o equilíbrio, não são as posturas extremas?

– É isso aí. Claro que em algumas poucas situações são necessárias atitudes radicais, mas na grande maioria dos casos, o equilíbrio é o melhor caminho. Veja o nosso exemplo: devido ao seu argumento – que tudo pode se transformar em "oba oba" – muitos gerentes preferem não fazer nada de diferente para seus colaboradores e isso contribui para que tenham maus resultados.

– O.K., compreendido. E quanto à autorização do DG?

– Vou te dizer uma coisa, Márcio. Estou certo de que em nome da limitação hierárquica que os gerentes e diretores se autoimpõem, muita coisa ruim acontece. Quando vejo a notícia de que no Posto de Saúde tal tem gente morrendo por falta de remédios e a desculpa é a demora na licitação, eu penso sempre que há um gestor medroso por trás. Ele cumpre à risca tudo que é mandado e, pior, o que não é mandado ele não faz. As pessoas estão morrendo, mas o importante para esses gestores é não transgredirem o que, na sua visão, é imutável. Ora, normas são trilhas, não são trilhos. E onde está escrito que preciso pedir a benção do Diretor de Operações para comprar relógios?

– Bem, escrito não está, mas o bom senso...

– Márcio, já dei minha opinião e explicação. Quem sabe seja por essa dificuldade em aceitar o novo, a aversão aos riscos, que o José Carlos te enviou para conversar comigo.

– O.K., O.K. Notei que você está de uniforme "de briga". Vai fazer uma inspeção planejada?

– Não, Márcio. Eu me visto todos os dias assim. Tenho um traje completo de passeio no roupeiro do banheiro, se vem alguma autoridade eu troco de roupa e está tudo bem.

– Mas, por quê? Você tem receio de que algo aconteça na área industrial? Não confia em seus Gerentes Executivos?

– Uma das razões é essa. Não que não confie em meus gerentes. Mas em uma eventual ocorrência, estou sempre pronto para rapidamente chegar ao local, mostrar minha presença. Mas isso não é tudo: você precisa se vestir como um guerreiro para ser mais bem aceito pela tribo. Simples assim.

– Você não está exagerando, Lima?

– Vou te contar uma. Quando fui substituir o Diretor Industrial da fábrica de Santa Elisa, eu ainda era um substituto eventual e fiquei o tempo todo de uniforme. Lá pelas tantas, um dos técnicos da área industrial me disse: "Puxa, Lima, você é um Diretor Industrial diferente, gosta mesmo da gente!". E estou

Capítulo V: O Essencial às Vezes É Muito Visível aos Olhos ◄ 127

certo de que, na percepção dele, o fato de eu usar vestimenta idêntica à dele era um componente importante para que ele tivesse tido o sentimento de que "eu gostava deles".
– O.K., O.K., mais uma. E o que mais?
– Um sorriso nos lábios. A maior parte do tempo.
– Isso não soa falso?
– Descobri que não. O contrário que é falso.
– Como assim?
– Bem, descobri que quando passava carrancudo pelas pessoas, preocupado em resolver problemas, muitos interpretavam que eu tinha problemas *com eles*, o que absolutamente não era verdade. Alertado pelos meus Gerentes Executivos, mudei a expressão facial e as relações melhoraram bastante.
– É, isso faz sentido mesmo. E o que mais? O fato de você utilizar um Honda Fit, um carro pequeno, em vez dos tradicionais Corolla e Civic de nossos outros colegas tem a ver com sua, digamos, gerência participativa?
– Um pouco disso e um pouco para minha própria segurança. Quando viajamos com motorista particular, em um carrão, no banco traseiro, estamos praticamente gritando às outras pessoas, incluindo os potenciais assaltantes, "tenho poder e grana". Você não acha?
– Nunca tinha visto a coisa por esse ângulo. Mas faz sentido. E de fato, os colaboradores veem você como pessoa simples. Isso todo mundo fala mesmo.
– É mais uma pequena atitude a mostrar que, na verdade, todos somos seres humanos com as mesmas necessidades, os mesmos defeitos. E isso faz muito bem para que trabalhem mais motivados. Escuta, Márcio, está na hora do almoço, vamos almoçar!
– Sim, claro. A conversa está interessante, mas saco vazio não para em pé, não é verdade?

Márcio estava bem mais a vontade e receptivo do que quando chegou à fábrica, pensou Lima. "Bom".

Foram a pé até o refeitório, distante uns 500 metros da sala do Diretor. No caminho, Márcio pôde perceber que Lima realmente era popular. Notou que, além de perguntar alguma coisa do trabalho do interlocutor, ele sempre tinha outro assunto, geralmente sobre a família, sobre futebol, carros – aqueles assuntos que pessoas afins sempre têm em comum. E viu que isso era bom para o clima geral da fábrica.

Almoçaram. Márcio estranhou que Lima, após pegar sua bandeja, não se sentou ao lado de nenhum de seus Gerentes Executivos. Parece que se sentou aleatoriamente, na primeira vaga de dois lugares que encontrou. Mas não falou nada a respeito. O almoço foi tranquilo. A comida era boa e o papo com os "desconhecidos" empregados de contratadas, também.

– Vamos agora tomar um café expresso. Eu pago – brincou Lima. E foram para uma máquina que ficava no corredor do prédio da Diretoria Industrial.

– Vocês não têm mais aquelas pessoas que servem café?

– Não mais, Márcio. Quando temos visita de alguma autoridade, peço à Dagmar ou à Marga para vir preparar o café na máquina. Ela põe numa xícara bonita sobre uma bandeja bonita – *et voilà* –, e voltamos a desempenhar o papel de diretor importante.

– E elas não se sentem mal ao servir?

– De jeito nenhum! Sabem que é só de vez em quando, e estão, como eu, aprendendo o prazer que é servir outras pessoas. A água, por exemplo, sou eu mesmo que sirvo. Temos uma pequena geladeira, copos bonitos, é só pegar e servir. O pessoal gosta que eu mesmo sirva.

– Pô, quantos detalhes que ajudam! E o que mais?

– Outra coisa que ajudou foram essas conversas no restaurante. Sentando-me cada dia com pessoas diferentes, além de mostrar a nossa igualdade enquanto seres humanos, isso me proporcionou conhecer um pouco da "realidade real" da fábrica.

– "Realidade real"? – perguntou Márcio.

– Sim, sempre soubemos que a realidade chega sempre com algum filtro para a gente, não é mesmo? Mesmo que sem intenção, as pessoas sempre filtram coisas ao nos trazerem informações. A ideia *não* é fazer um serviço de espionagem, mas é interessante ver como às vezes a realidade real é bem diferente da realidade que nos trazem.

– Você tem algum exemplo para me dar?

– Prefiro não ter, Márcio. Você certamente irá descobrir os seus próprios exemplos, dentro da sua realidade.

Márcio compreendeu as razões do colega, tranquilamente. E já mudou de assunto.

– Lima, me satisfaça uma curiosidade, não está exatamente dentro do escopo dos aspectos que o José Carlos pediu que eu visse com você: é verdade que houve aqui uma "greve combinada", de um dia só? É a versão que corre lá no Escritório Central.

– Que bom que você me perguntou! Pode até me ajudar a desfazer essa versão fantasiosa, pois pega muito mal para o nosso Sindicato, que continua combativo, defendendo os interesses dos empregados. O que existe, e existiu nesse caso, foi o respeito mútuo.

E contou sobre a reunião de preparação para a greve, naquele dia fatídico em que um ajudante de caminhão havia falecido dentro dos limites da fábrica. Contou os debates entre "falcões" e "pombos" até o momento em que souberam da fatalidade.

– Depois de atendida a questão da fatalidade, voltamos à conversa – eu e os gerentes executivos – sobre os preparativos para a greve, que como eu disse, estava marcada para o dia seguinte. Outra vez a postura de Pinheiro Machado, a do equilíbrio. Eu e os outros "pombos" acabamos por convencer os "falcões" a não trazermos aquele batalhão imenso de pessoas na madrugada. Trouxemos apenas os gerentes e supervisores e, como de hábito, fizemos que dobrasse o turno que deveria sair, ou seja, que continuasse trabalhando por pelo menos mais oito horas.

– E todos os outros que sempre eram trazidos?

– Tiveram que vir no horário normal e foram submetidos ao constrangimento da tentativa de barreira pelo Sindicato. E como os diretores tinham me prometido, não fizeram barreiras intransponíveis. Eles os xingaram de "pelegos", é verdade, mas deixaram passar. E houve, inclusive, algumas pessoas que habitualmente fugiam do confronto que acabaram aderindo à greve. Poucos, por sorte. Foi, então, uma greve com respeito mútuo, mas não "combinada". Essa é a verdade.

– E o fato de terem terminado a greve em 24 horas?

– Apenas seguiram o indicativo do Comando de Greve. A área corporativa de Recursos Humanos da NACIONAL prometeu negociar rapidamente, o que felizmente foi feito.

Márcio se deu por satisfeito e voltou ao assunto do almoço de aproximação com o pessoal.

– E o pessoal que trabalha em turno? Esse é mais difícil de chegar mais perto. A minha impressão é que eles formam um mundo à parte.

– É verdade, é muito mais difícil se comunicar com o pessoal que trabalha em turno de revezamento. Nós aqui, além de nos esforçarmos para nos comunicar com eles por e-mails, tomamos três atitudes que melhoraram o sentido de proximidade.

– E quais foram?

– A primeira foi a de eu almoçar todas as sextas-feiras com o pessoal de turno, que agora tem um pequeno refeitório na sala de controle. Algumas vezes convido minha esposa para almoçar conosco. Isso desmistifica um pouco aquela posição "nós/eles", por notarem o quanto somos parecidos com eles na condição de seres humanos. Segundo: para todo comunicado daqueles muito importantes, eu ou um dos nossos Gerentes Executivos vamos à sala de controle depois das 16 horas – normalmente depois das 19 horas – para passar o comunicado diretamente, cara a cara. E sempre abrimos para perguntas. O terceiro não é muito original, várias empresas o fazem: é a "conversa com o Diretor Industrial". Todos os meses, em um determinado dia, pedimos a um grupo que está no horário de zero hora a oito, para que fique para um café comigo e com alguns Gerentes Executivos. Depois faço uma breve palestra e – o mais importante – abro para perguntas.

– Mas não aparecem perguntas difíceis?

– Sim, de vez em quando me apertam, mas é melhor assim do que as coisas ficarem reprimidas, tensionadas. E às vezes eu digo simplesmente que não tenho poderes para implantar esta ou aquela sugestão, o que é verdade nesses casos. Tem dado certo.

Nessa altura, o clima que havia se estabelecido entre Márcio e Lima era cordial, positivo. Bem diferente da postura inicial de ambos. Márcio era bom profissional e sentia que várias daquelas ações, aparentemente simples detalhes, tinham ajudado a fábrica de Areal a alcançar, no ranking da Empresa, o melhor Grau de Satisfação dos Empregados no ano anterior, após subir espetacularmente de penúltima para a quinta posição, já no segundo ano de gestão de Lima. E satisfação dos empregados alavanca os resultados.

Nesse momento entra na sala a Ana, que cuidava da limpeza dessa parte do prédio.

– Desculpe, chefe! Não vi que você tinha visitas.

– Sem problemas, Ana. Deixa eu te apresentar a Ana, que se tornou uma grande amiga.

– Prazer – disse Márcio apertando a mão estendida de Ana, um pouco desconcertado.

– O prazer é todo meu – disse Ana. Se está com o Lima, conte comigo também! Bem, agora preciso ir. Tchau para vocês!

E saiu. Márcio esboçou falar algo, mas foi cortado por Lima.

– Você deve estar achando estranha essa amizade, mas é uma das melhores que já fiz aqui nesta fábrica. A Ana é uma pessoa muito boa. Tem a sabedoria dos humildes, e me ajuda a diminuir o ego, o que não é tarefa fácil nessa posição que ocupamos, não é verdade?

– Mas, Lima, diga-me a verdade: essa aproximação não é um pouco forçada?

– Bem, eu tento me relacionar com as pessoas à minha volta entendendo-as como seres humanos. O Paulinho, motorista, e a Dagmar, secretária, também se tornaram meus grandes amigos. De vez em quando nos reunimos os quatro fora da fábrica. Eles conhecem minha casa e eu conheço a deles. Costumo brincar quando estamos juntos, que é a reunião do "núcleo duro" do poder da fábrica.

E riu gostosamente.

– Continuo achando que pode parecer forçar a barra, Lima.

– Olha: na primeira aproximação, até que forço, sim. Mas se eles sentirem que há sinceridade, que não é politicagem, populismo, fica tudo certo. Eles ajudam a espalhar que dentro de um Diretor Industrial vive um Carlos, ou João ou José, que também é gente. Às vezes todos, incluindo nós mesmos, nos esquecemos disso. O que não é bom. Vou contar um episódio para você ver o quanto a Ana é importante para mim. Você deve se lembrar da fatalidade que ocorreu aqui na fábrica, não é?

– Sim, vocês já estavam cheios de problemas, quando teve mais este.

– Pois é. Aquele, talvez, tenha sido o dia mais difícil de todos para mim. Antes do momento da fatalidade, já estávamos lidando, naquele dia, com vários assuntos difíceis. Ao final, eu estava baqueado. Voltei à minha sala e lá estava a Ana fazendo a limpeza. Eu olhei bem para ela e pedi: "Ana, eu preciso de um abraço". E pude até chorar um pouco, de verdade. Isso aliviou muito o meu sofrimento.

– Você não acha que há o perigo desses funcionários confundirem as coisas, te desrespeitarem, ficarem pedindo coisas, se achando os "reis da cocada preta"? Eu acho.

– Esse perigo sempre existe. Logo no começo observo com que tipo de pessoa estou lidando. Se não é um "nó cego", não haverá problemas.

Márcio riu e falou:

– "Nó cego"? Isso é linguagem de chão de fábrica, não é?

– É, e eu tenho uma interessante teoria a respeito. Escrevi até um artigo que saiu no informativo da "Excelência em RH". Quer ir ao computador e encontrar? É só digitar "Teoria dos Nós Cegos".

Capítulo V: O Essencial às Vezes É Muito Visível aos Olhos ◀ 133

Márcio foi ao computador e achou, rapidamente.
– Para descansar um pouco da nossa conversa, dê uma lida. É relativamente pequeno. Você pode fazer isso enquanto eu despacho alguns assuntos com a Dagmar.
Márcio leu.
– Puxa, Lima, isto está muito bom! As autoridades do país precisavam ler e aplicar isso!
– Em nível de país, a coisa é muito complexa; seria bom, mas é utopia acreditar que a simples leitura de um texto mudasse o modo de pensar das pessoas. Você tem a "cabeça feita", entende rapidamente, e tem já internalizado o código de ética característico para a maioria esmagadora dos gerentes de nossa empresa. Infelizmente, acho que esse não seja o caso de nossos políticos e juristas. Conseguindo resolver os problemas aqui da fábrica, já está muito bom.
– O.K. Então, tem mais dicas para me dar?
– Uma que não exige muito da gente, só um pouco de humildade: em qualquer evento, externo ou interno à fábrica, onde não seja absolutamente necessário "furar a fila" – às vezes é – entro na fila como todo mundo. Além de as pessoas gostarem, ainda gera mais proximidade com elas.
– Mas isso não cheira a politicagem? Faz-me lembrar dos políticos que tomam cafezinho, comem até buchada de bode com eleitores...
– A **diferença**, Márcio, é que faço isso todos os dias, sempre. No fim acabam percebendo que não é populismo; é ser realmente parecido com todos, o que de fato somos como seres humanos.
– O.K. Estou indo cheio de dicas para enfrentar Ligiana. Se me permite, vou anotar palavras para me lembrar das dicas. – E anotou palavras como "uniforme", "carro", "fila" e assim por diante.
– Não sei se você quer ouvir, mas tenho mais duas que considero importantes.
– Claro, Lima! Pode falar.

– Essa aqui vai exigir muita disciplina e força de vontade. Mas é como uma "raiz" que te segura na terra; não deixa que os confortos do ar condicionado, cafezinho servido por secretária, motorista com carro na porta, te façam esquecer que há um mundo real lá fora. Barulhento, às vezes quente, às vezes chuvoso, mas sempre cheio de pessoas dando duro.

– Você se refere ao chão da fábrica, não é?

– É isso mesmo. Eu faço *tudo* o que posso para, pelo menos uma vez por dia, dar uma volta na área industrial. Além de ouvir o que o "guemba" – chão de fábrica em japonês – me fala, eu aproveito mais essa oportunidade para me aproximar das pessoas. Estar todos os dias vestindo o uniforme ajuda muito essa prática.

– E a última?

– Primeiro faço uma pergunta para você: o que acha do tom que os Diretores Industriais usam para se dirigir aos colaboradores que tomam parte da reunião matinal, na qual são repassadas as últimas 24 horas da fábrica, com descrição das principais ocorrências?

– Conheço todas, por força de meu cargo atual. Em algumas, o respectivo Diretor Industrial é omisso, quase não fala nada. Noutras, ele fica geralmente muito irritado com as ocorrências anormais e fala muito ríspido com as pessoas. Nessas, o pessoal até brinca que, em vez de "reunião diária de acompanhamento", deveria se chamar "enrabada diária do DI". Brincar assim é uma forma que eles encontraram para abrandar um pouco a dureza dessas situações.

– Pois é, aqui logo vi que eu poderia descambar para um desses dois extremos. Lembra-se da história do Pinheiro Machado?

– Sim: não tão devagar que pareça que estamos provocando, nem tão rápido que pareça que estamos fugindo – Márcio sorriu ao falar.

– É isso que uso. Eu *sempre* falo alguma coisa nessa reunião, geralmente após o relato das 24 horas. Com seriedade para assuntos sérios; não deixo de elogiar quando as coisas vão

bem; raramente aponto nesse público o problema deste ou daquele departamento; e sempre brinco ao final, geralmente falando sobre futebol. Continuo me esforçando para mostrar que sou igual nos aspectos humanos e emocionais.
– Muito bem, Lima. Foi muito proveitoso o nosso papo. Vou ver o que consigo adaptar para minha personalidade.
– Isso mesmo, Márcio. Você pegou bem o espirito da coisa. Minha sugestão é que não faça nada que você mesmo ache muito forçado; as outras pessoas também iriam perceber. Boa sorte, meu caro. De verdade. – E pegou Márcio de surpresa ao dar um abraço apertado, coração junto ao coração, como a quase passar ao colega toda energia positiva que tivesse.

◀ Capítulo VI ▶

Casa de Ferreiro, Espeto de Pau

Veridiana estava deitada, o fone no ouvido tocando *The Doors*. Ela conhecia toda a história de Jim Morrison – "este sim, desafiava a vida", pensou. No dia anterior ela, de certa forma, também havia desafiado não propriamente a vida, mas aquela turma de caretas que eram seu pai e os amigos dele. Teve uma boa sensação ao lembrar-se do momento: tinha ido com o pai, meio a contragosto, passar pela casa de um amigo dele. Tocaram a campainha e o amigo, Lúcio, veio atender. A primeira coisa que ele fez, após seu pai apresentá-la, tinha sido falar, zombeteiramente:
– Você se veste sempre assim? – referia-se, é claro, às roupas estilo hippie que Veridiana usava.
– Sim, por quê? O senhor também sempre se veste assim, com essa bermudinha ridícula? – tinha dito assim, "na lata".
Ficou um ambiente assim, meio *trash*. O pai, o incensado Diretor Industrial da fábrica Areal, ficou lívido. O amigo dele também não sabia o que falar.

Foram todos salvos pela chegada de Lívia, a esposa de Lúcio.

– Boa tarde, vamos nos sentar um pouco?

Sentaram-se todos, conversaram um pouco, o pai logo pegou o que tinha que pegar e se mandaram.

– Pô, Veridiana, você podia não ter pegado tão pesado! – disse Carlos logo que entraram no carro.

– Foi ele que começou; eu me visto como quero. A mamãe também se vestia assim, e o senhor gostava dela desse jeito!

Ela se sentia mais forte, porque o pai tinha perdido aquela segurança toda. Na verdade parecia não saber o que fazer. Ela tinha vencido.

A música do *The Doors* tinha acabado. Veridiana tirou o fone de ouvido, olhou-se no espelho pensou decidida: "Eu vou àquela festa, com a Tânia e sua turma esquisita. Meu pai nem vai notar, ele não tem tempo mesmo para conversar comigo, como fazia antes...".

Assim pensou, assim fez. À noite lá estava ela na casa da Tânia. "Festa estranha com gente esquisita", não pôde deixar de pensar, lembrando-se de quando ela e o pai ainda eram grandes amigos e os dois usavam esses termos da música da Legião Urbana quando viam as pessoas vestidas como a Tânia e suas amigas: puro estilo *punk*. Cabelos coloridos, roupas pretas, maquiagem carregada, vários *piercings*. Mas a Tânia era gente fina. Tinha lá seus momentos de sofrimento, mas em geral era uma grande companheira: alegre, desafiadora e forte, como estava agora.

– Diana – era assim que essa turma chamava a Veridiana e ela gostava mais do que o "ver" de seus pais –, dê logo um tapa na erva, menina! Não mata ninguém não. É só um tapinha.

– Só, Tânia. É pra já.

Era a primeira vez que Veridiana experimentava fumar maconha. Aspirou fundo. Não sentiu nada de muito diferente. Somente uma leveza gostosa, uma sensação boa; por um momento parou de pensar tanto, como sempre fazia. E ouvia com atenção a voz de Tânia.

– Então, Diana, nosso plano é irmos tirar umas na fazenda do pai do Rodrigo. Precisamos de dois carros. Eu garanto o da minha mãe, você precisa garantir o da sua mãe também para cabermos todos nós.
– Sei lá, Tânia. Se eu tivesse carteira de motorista...
– E você acha que eu tenho? – riu muito Tânia, imitada pelos amigos. Ela vivia sozinha com a mãe, e esta lhe fazia todas as vontades, incluindo o empréstimo do seu carro, mesmo que Tânia tivesse só 16 anos.
– Tá bom, eu vou. Tenho coragem suficiente pra isso!
– É assim que se fala garota! Respondeu Tânia, sorrindo.
Marcaram para o dia seguinte, após o almoço.
Veridiana tremeu um pouco, mas não podia demonstrar isso. Não para essa turma. Claro que o pai não iria aprovar. Aliás, nem mesmo sua mãe. "Eu sou mais eu", pensou. No outro dia, voltou da escola e almoçou rapidamente. Esperou Laura – a irmã mais velha – sair e sua mãe ir fazer a sesta costumeira. "Ainda bem que ela não vai trabalhar hoje", pensou.
Sabia onde estava a chave. Saiu da cozinha para a garagem e *crau*! – já era, tinha conseguido pegar o carro.
Buzinou em frente à casa de Tânia. Estava orgulhosa de ter conseguido. Os amigos entraram, e seguiram os dois carros em comboio para a fazenda.
O coração batia forte na estradinha de terra batida. Mas falou confiante:
– E aí, Rodrigo, falta muito?
– Não, Diana, é logo ali naquela entrada.
– "Demorou" – e riu às gargalhadas. Lá no fundo, entretanto, algo lhe falava que isso não estava certo...
"Cala a boca, grilo falante", pensou Veridiana. E riu em pensamento. E rindo, lembrou-se do pai, que parecia sempre brincar quando as coisas ficavam mais difíceis. "É, em alguma coisa eu me pareço com ele. Mas só. Agora vou me divertir com os amigos."

Beberam, nadaram na piscina "da hora" que lá existia. De vez em quando um saía para dar um "tapinha" no banheiro; ficavam alegrinhos, mas não chapados demais.

O Pachequinho até se animou a subir em um cavalo arriado, que um dos empregados da fazenda colocou à disposição.

– Duvida, *veio*?! – falava o Pachequinho para o Rodrigo.

– Eu duvido – gritou Tânia de dentro na piscina, rindo muito.

Pachequinho fez cara de mau e foi em direção ao cavalo.

– Vai com a tocha – gritou Veridiana. – É mole!

Pachequinho subiu no cavalo, Não tinha nenhuma intimidade com esse negócio de montaria. O cavalo provavelmente sentiu sua insegurança e disparou.

Todos ficaram mudos olhando aquele cavalo branco galopando em direção a uma cerca de arame farpado, com Pachequinho em cima dele.

Veridiana pensou: "Xiiii, marquinho, a vaca foi pro brejo". O cavalo, porém, quando chegou junto da cerca parou subitamente; Pachequinho voou por cima da cerca e se estatelou, por sorte, em cima de um grande tufo de capim colonião.

Todos correram para lá. Pachequinho conseguiu se levantar sozinho, um bom sinal. E logo todos viram que tudo não tinha passado de um grande susto.

Susto que foi o suficiente para que alguma faísca de razão viesse à cabeça dos jovens, que resolveram se trocar e voltar para a cidade.

– Puxa, você dirige bem, Diana – disse Rodrigo, enquanto voltavam.

– Sim, meu pai me ensinou – respondeu com orgulho Veridiana. Neste momento veio um sentimento bom daquele antigo companheirismo com o pai. "Mas isso era antes", pensou. E acelerou.

Seu coração batia forte quando virou a última esquina, já na rua de sua casa. Estava tão transtornada que chegou a bater na coluna do portão do condomínio de luxo.

– Ei! – exclamou o porteiro. – Calma aí!

Capítulo VI: Casa de Ferreiro, Espeto de Pau ◄ 141

– Que calma, que nada, abre essa birosca aí – disse uma Veridiana quase fora de si. E tacou o carro em cima do portão. Ficou forçando, até que o porteiro não teve alternativa se não abrir o portão, no automático.

Veridiana ouviu, ao passar:

– Isso não vai ficar assim!

Quando chegou à garagem de sua casa, Vera já a esperava, aflita.

– Ver, o síndico me ligou. Que loucura é essa minha filha? Aonde você quer chegar?

– Me deixa mãe, depois conversamos! – e deixou Vera ali plantada na porta.

Veridiana deitou-se na cama. Sabia que tinha feito algo muito errado. Por outro lado, sabia também que tinha que ser ela mesma, fazer o que tinha vontade. E depois, ela tinha sido desafiada pela turma. E neste momento, a turma é que se importava mais com ela. Mais do que seus pais. No mínimo mais do que o pai, sempre às voltas com os problemas naquela maldita fábrica...

Ligou para Samara, uma amiga mais *soft*.

– Samara, quero muito falar com você. Posso ir aí?

– É claro, Ver.

– Mãe, vou sair – disse ao passar pela mãe. – Vou à casa da Samara.

– Ver, espera aí. Seu pai vai querer conversar com você quando chegar. Isso que você fez não está certo, minha filha. E você sabe disso. Acho melhor você esperar.

– Mas ele vai demorar mãe. Nunca mais chegou cedo!

Vera suspirou. "Nisso ela está certa. Carlos não parecia mais o mesmo".

– Está bem, eu falo com seu pai. A Samara é mais ajuizada do que esta sua nova turma, vai fazer bem pra você. Olha aqui pra mim: não vá fazer mais nada de que tenha que se arrepender, minha filha. Você é a nossa "flecha", nós miramos o melhor que pudemos; você agora está criando asas próprias, não vá se desviar do alvo!

Veridiana sorriu. Lembrou-se do livro que o pai havia dado para ela, de Khalil Gibran. Pensou no trecho que Carlos tinha marcado: "Vossos filhos não são vossos filhos. Vêm através de vós, mas não de vós. E embora vivam convosco, não vos pertencem". E pensou: "É, meu pai vai uma hora conversar comigo. E tudo vai voltar ao normal".

Mas o pai não conversou. Nem no outro dia nem naquela semana.

Agora Veridiana estava no quarto de sua irmã, Laura.

– Mas, Lalinha, como você vai fazer? Agora que você conseguiu esse emprego que tanto queria, de secretária dessa empresa boa de análises de água, ainda acha que vai passar no vestibular? E sem cursinho? Que tem, *loka*? Você vai se dividir em duas?

– Olha Ver, eu posso fazer a *facul* à noite e trabalhar durante o dia. Vai dar certo.

– Lalinha, a *facul* fica num lado da cidade e o emprego do outro. Não vai dar.

– E se o *papi* me der um carro, não dá?

– Pode ir tirando o cavalinho da chuva, Lala! O pai nunca nos deu moleza. Não vai ser agora!

– Ah, eu acho que "dobro o velho", minha irmãzinha. E você, como vai? Dando duro na escola?

– Nem vem que não tem Lala. Você é a ajuizada da família. Eu sou a desajustada, sacou?

Laura se calou. Sabia que bater de frente com Veridiana só podia dar em trombada feia. E sua irmã era um osso duro de roer. Que nem o pai. E agora viviam às turras. "Não sei, não, em que vai dar esse negócio", pensou.

O negócio foi dar quase em prisão.

Final de semana prolongado, finalmente o pai encontrou um tempo para a família. Vera tinha uma amiga com casa na praia e insistiu com ela para que a família fosse para essa casa. Os filhos tinham viajado, ela ficaria sozinha...

E lá se foram os quatro, finalmente juntos depois de muitos meses, em uma viagem. Mas Veridiana estava inquieta. Pensava na injustiça que o pai havia cometido quando Laura tinha seus 14 anos. Veridiana estava na época com 11, mas achou o fim da picada o pai colocar aquela plaquinha no vidro traseiro do carro, em uma viagem parecida com essa: "Cuidado, adolescente a bordo". Mas Laura tinha aguentado quieta. Ela, Veridiana, não ficaria. E a raiva foi crescendo. Misturando seus próprios sentimentos de adolescente com a dor que tomara "emprestado" da irmã.

Chegaram. Tiraram as coisas do carro. Carlos e Vera se sentaram na Varanda; a conversa com a amiga era boa, nem sentiram o tempo passar.

– Mãe, vou dar uma volta – diz Ver, saindo já de tardezinha para a praia.

– Olhe lá, Ver, cuidado! A Laura não vai com você?

– Não, ela ficou lendo no quarto. *Xá* comigo, mãe!

O tempo foi passando; um lanche com um chazinho, uns biscoitos; fazia tempo que Vera e Carlos não se sentiam tão relaxados; tranquilos mesmo.

Dez da noite. O interfone da portaria do condomínio toca.

– É para o pai da Veridiana – diz a assustada amiga de Vera.

Carlos pulou da poltrona.

– Alô, pois não?

– É o senhor Carlos, pai de uma menina chamada Veridiana?

– Sim, mas o que foi? Diga logo, meu amigo!

– Calma, sua filha está aqui, acho que está bem. Mas tem dois policiais com ela. E eles pedem a sua presença.

A conversa com os policiais foi um "soco no estômago" de Carlos. Eles tinham flagrado Ver, a sua filhinha, fumando um baseado, sozinha na praia. E tinha mais dois "pacaus", segundo o jargão dos policiais. Carlos se deu conta de que os policiais tinham sido bem camaradas, poderiam ter levado Veridiana para uma dessas FEBEM da vida, ia ser o caos. Agradeceu os policiais, não sem antes levar um "pito" deles. A responsabilidade é dos pais, eles tinham dito.

Já a conversa com Veridiana foi melhor.

– Filha, você tem noção do perigo que correu? – perguntou Carlos.
– Sim, pai. Eu sei que tive sorte.
– E aí, filha, isso não vai ter mais fim?
– Não vai acontecer mais, pai. O susto foi grande. Mas **agora** o senhor está conversando comigo.
Carlos estava quase chorando quando Vera interviu:
– Tá bom, vamos todos dormir, o dia foi de fortes emoções!
Já no quarto, só o casal, Carlos pergunta:
– E agora, Vera? O que temos que fazer?
– Eu sei que você não gosta muito disso, mas não vejo outra saída!
– Do que você está falando? É de um trabalho psicológico? Desculpe-me, mas não confio em nenhuma de suas amigas.
– Pode pedir na fábrica que te indiquem. Eu prometo não julgar a sua escolha.
– E é para mim, né? – perguntou Carlos.
– Não, querido, vamos nós quatro: eu, você, a Ver e a Laura.
– O.K., você venceu. Eu que tanto penso no lado psicológico do meu pessoal lá na fábrica...
– E eu, que sou psicóloga! Acho que para nós vale aquele surrado ditado: "Casa de ferreiro, espeto de pau".
E sorriram. Trocaram um olhar de cumplicidade. Carlos sabia que não era fácil para Vera, ela só suportava bem porque tinha maturidade emocional para saber que psicólogas também têm problemas familiares, alguns até bem pesados. Vera, por sua vez, sabia que não estava sendo nada fácil para Carlos. Ele tão certinho, tão cumpridor da lei e agora, isto. Mas, pelo menos estavam juntos também nessa.

Na primeira semana, na volta para a cidade, Carlos já tinha recebido do Fernando, na fábrica, uma boa indicação de uma psicóloga. O dia da primeira consulta chegou.

Ouvidas todas as partes, a Dra. Susana, nome da psicóloga especializada em famílias, perguntou:

– E então? O que pensam vocês? Precisam vir todos os quatro na próxima consulta?

Carlos e Veridiana não ficaram particularmente entusiasmados, mas perceberam que o "nó" da família era a relação entre eles. E concordaram em virem só os dois na próxima vez.

E foi nessa consulta que receberam a recomendação de cada um fazer o tratamento em separado. Carlos ficaria com a Dra. Susana; Veridiana com uma colega especializada em adolescentes.

Não é fácil enfrentar os "demônios" interiores em um processo psicoterapêutico. Mas tanto Carlos como Veridiana aguentaram o tranco. Carlos finalmente percebeu que um ou uma adolescente **tem** que ter muitas opiniões diferentes das dos pais. É a forma que eles têm de serem eles, e deixar de ser uma extensão dos pais. É a "flecha" ganhando asas, de verdade. E Veridiana percebeu que o pai também era frágil. Que não era o "Zeus" – trazido nas sessões com sua psicoterapeuta – que ela sempre imaginara. Não tinha superpoderes, fazia o que um homem comum podia fazer. E reconheceu que ele estava fazendo o máximo que podia.

Carlos estava tão bem agora com Veridiana que passou a tratar com a Dra. Suzana de um problema relativo à outra filha, Laura.

– Pois é, doutora – disse Carlos, – Laura passou na faculdade, fez bonito, mas agora temos um problema. Ela, seguindo meu conselho, fez Secretariado e, desde os 16 anos, trabalha como secretária; agora em uma boa empresa, tem seu próprio dinheiro, e gosta disso.

– Parece-me que você tem condições totais de bancar o estudo dela, não tem?

– Na verdade tenho, mas eu acho saudável a pessoa trabalhar, saber o custo do dinheiro. E como falei, ela gosta de ter seu próprio dinheiro.

– Veja, Carlos: examine se esta sua posição não é pelo que você passou para poder cursar sua própria faculdade. Aquela história doida de 40 horas/semana na faculdade mais 40 horas/semana dando aulas no colégio técnico... Só em extrema necessidade, como foi o seu caso. Laura tem condições bem diferentes das suas.

– É, pode ser que haja um pouco desse componente, mas eu tenho visto o que acontece com filhos e filhas de alguns colegas. Com todas as facilidades dadas, me parece que eles não "decolam". Existem muitos que vivem na sombra dos pais até mais de trinta anos de idade. E se precisam enfrentar o mundo, têm grandes dificuldades. Eu não quero isso para minha filha. E, além disso, como eu falei, ela gosta do trabalho.

– Bem, se você está seguro, vamos examinar... Qual é o problema?

– É que ela me pediu um carro, pois a faculdade em que ela entrou, para estudar à noite, fica um pouco longe e seria muito difícil ir de ônibus. Nem eu nem a Vera poderíamos levar e trazer, e o transporte coletivo aqui, como você sabe, é praticamente impossível de ser utilizado.

– E qual é a dúvida? Você não tem recursos para comprar um carro?

– Ter eu tenho. Já vimos até um carrinho usado, mas eu e a Vera divergimos em um ponto: eu acho que a dona tem que assumir toda a manutenção do veículo, inclusive a gasolina, e ela acha isso muito pesado para a Laura.

– Mas você quer dar um carro ou um problema para sua filha? Não acha que está sendo rígido demais?

– É, talvez você tenha razão. E se eu comprasse um carro "zero" para ela? Aí o gasto seria praticamente só com combustível. Seriam a mais apenas os gastos com as revisões.

– Um carro novo já seria bem melhor. Mas pense um pouco mais nessa questão das despesas. O que seria razoável *do ponto de vista dela?*

– Bem, eu acho que ela ficaria feliz se eu assumir também as revisões; ela pagaria só o combustível.

– Você acha que ela ficaria confortável? – insistiu a psicóloga.

Capítulo VI: Casa de Ferreiro, Espeto de Pau

– Sim, eu acho. E não fere a minha convicção de que eu preciso ensinar minhas filhas a pescar. Se eu der muitos peixes prontos, na hora "H" elas não saberão pescar e terão dificuldades na vida.

– O.K., respeito seu modo de pensar. E acho que vai dar certo.

– Obrigado, doutora. Olha: eu queria tratar de outro assunto: faz seis meses que estou nesse trabalho com a senhora e minha vida familiar melhorou muito. Mas eu gostaria de fazer uma pausa, agora que tenho uma nova postura diante da família. Com as demandas da fábrica, estas duas horas semanais me fazem muita falta. O que a senhora acha?

– Eu acho que você poderia reduzir para uma hora semanal, mas não perder o contato. Seria muito bom você ter meu suporte durante mais algum tempo.

– O.K., Doutora, então ficamos com a sexta-feira de manhã, às 7 horas, pode ser? Esse horário da tarde é o pior para mim.

– Sim, Carlos. E *parabéns* por suas filhas.

Era 19h30min quando Carlos saiu. Deu um longo abraço em Paulinho, seu motorista que o esperava. Paulinho sabia que Lima era seu amigo, mas ficou sem entender muito o abraço naquela hora.

Mas Carlos entendia. Estava feliz por finalmente ter acertado as coisas em casa. No caminho, pegou o celular e ligou.

– Vera, as meninas estão aí?

– Sim, estamos esperando para o jantar. Essa é a ultima semana antes da Laura começar a faculdade. Quero aproveitar. Você já vem?

– Sim, diga para a Laura que tenho uma surpresa para ela.

Já em casa, no jantar, Laura pergunta:

– Então, pai, qual é a surpresa?

– Resolvi que vamos comprar um carro novo para ti, Laura. E você só vai ter as despesas com combustível. As revisões, seguro, papéis, deixe tudo comigo.

– Nossa, pai, obrigada! – exclamou ela, levantando-se para abraçá-lo.

– E eu, pai? Vou ganhar um carro também? – perguntou Veridiana.

– Vai sim. Mas quando chegar o momento. Agora seu compromisso é apenas com os estudos. Por falar nisso, como vão eles?

– Tá legal, pai. Já saquei a importância deles para mim. E quando eu crescer quero ser como a Laura – falou em tom bem afetado, mostrando que não era bem isso que queria...

– Filhas, eu sou seu pai e gosto muito de vocês. "Para onde vocês puxarem a vida eu empurro."

À noite, na cama, fazendo mentalmente um balanço de tudo o que estava vivenciando com sua família, Carlos pensou: "Demorei pra aprender. A atenção para a família está no quadrante II do gráfico Urgente x Importante do famoso livro de Franklin Covey. Temos sempre que cultivá-las, priorizá-las. Caso contrário, igual às coisas do trabalho, acabam indo para o quadrante I. E tratar coisas importantes na base do afogadilho – puxa vida, saquei essa palavra da minha infância, significa às pressas – sempre é mais doloroso. E a possibilidade de errar aumenta".

Sorriu, deu um beijo na esposa e serenou a mente para dormir.

◀ Capítulo VII ▶

Teoria dos "Nós Cegos"

O restaurante que Fernando escolheu não poderia ter sido melhor. Tinha um pergolado, muito verde e flores nos canteiros. Ao centro do terreno, vejam só: uma frondosa jabuticabeira.

O jantar tinha sido ideia dele, Fernando. Quando Carlos chegou com Vera, deu uma passada de olhos; logo viu Fernando com uma mulher muito elegante. Mesmo sentada se via sua figura esguia, cabelos louros, escorridos. Essa era Janete, a agora companheira de Fernando.

Vera e Carlos se sentaram à mesa de Fernando e Janete.

Todos tinham bons motivos para comemorar. Fernando e Janete porque haviam assumido uma tranquila e ao mesmo tempo vibrante união estável. Janete e Vera, porque ambas estavam indo muito bem em suas profissões de psicólogas. Carlos e Fernando porque a fábrica onde trabalhavam ombro a ombro ia *muito bem, obrigado*. E Vera e Carlos porque a família finalmente estava em paz.

Após os cumprimentos e apresentações – Carlos e Janete eram os únicos que não se conheciam pessoalmente – Janete iniciou a conversa:

– Quer dizer que é o senhor o famoso Lima? O Fernando gosta muito do senhor.

– Vamos tirar o senhor de lado, Janete. Eu também gosto muito do Fernando. E agora, com algum tempo livre, podemos até dar essas saídas. Que lugar lindo!

– Foi aqui o meu primeiro encontro com Janete – disse Fernando. – Aquele que quase não saiu. Mas fui persistente, e cá estamos.

– É, estamos na parte "um dia ainda vamos rir disso" – respondeu Lima. – Mas eu me lembro bem do dia em que Fernando teve que cancelar por telefone o que seria o primeiro encontro de vocês.

– Nem me lembre disso, Carlos. Seus telefonemas para mim eram também terríveis – disse Vera, agora sorridente.

– Mas eles, como nós, conseguiram superar isso – retrucou Carlos. – Outro dia ouvi um cara, aquele famoso artista brasileiro que sofreu várias doenças e acidentes nas mãos e segue sendo um belo pianista e maestro, dizendo na TV: "Para haver superação, é necessário disciplina de atleta e alma de poeta!". O que vocês acham?

Eles tinham pedido um espumante, que acabara de chegar. Fernando propôs um brinde, e todos aceitaram alegremente. Depois, pôs sua taça na mesa, e comentou:

– Esse pianista definitivamente não é um "nó cego"!

– Não, disse Lima. Ele certamente pertence àquele percentual de 10 a 20 por cento das pessoas intrinsecamente boas.

– "Nó cego"? – perguntou Janete. O que é isso?

Foi Vera quem respondeu:

– Ih, acho que você é a única aqui que não leu a teoria do meu marido sobre os "nós cegos". Explique para ela, querido. Eu e o Fenando podemos ouvir novamente. Eu até acho que, do ponto de vista da psicologia, essa teoria, *se non è vero, è ben trovato*.

Capítulo VII: Teoria dos "Nós Cegos" ◄ 151

– Isso mesmo, Lima, pode expor a ela a sua teoria, aduziu Fernando.

– Bom – começou Lima – nesses anos todos trabalhando com pessoas, aprendendo, desenvolvendo e aplicando técnicas motivacionais, e observando também a sociedade, elaborei a seguinte teoria: Existe ao redor de 5% de pessoas – é claro que essas porcentagens não são exatas e podem variar de grupo para grupo, mas no geral esse é um bom número – que são os "nós cegos", uma expressão bem do chão da fábrica. Por mais técnicas que você use, mesmo praticando a generosidade e a justiça, eles vão apresentar mau desempenho sempre, do ponto de vista comportamental. Por isso o nome "nós cegos".

– Só 5%? – perguntou Janete. Minha impressão é que esse percentual é bem maior!

– Sim, a impressão que muitos de nós temos é que esse percentual é maior, bem maior. Veja, vou explicar porque esse número não é tão alto como parece. Na outra ponta, existe entre 10% a 20% de pessoas automotivadas, pessoas de alto desempenho comportamental. Para essas, o tipo de gerência pode atrapalhar às vezes um pouco, mas em geral, mesmo não sendo inspiradora, não atrapalha. Essas pessoas têm sempre o comportamento adequado, seguindo as regras e realizando coisas boas.

Ficamos então com um percentual, entre 75% e 85% das pessoas, que não são todas iguais, existe uma gradação entre elas. O problema é que esse grupo tem como principal característica situar-se, do ponto de vista comportamental, onde vislumbra o maior ganho.

Então, se não há um *sistema de consequências* justo, que recompense o bom e castigue o mau comportamento, a grande maioria desses irá passar para o padrão de comportamento dos "nós cegos". É por isso que esse número parece maior. E com os maus exemplos sem castigos, o número cada vez aumenta mais.

Exemplificando, na sociedade, se andar no trânsito pelo acostamento não é reprimido, cada vez mais pessoas terão esse comportamento, porque vão ter vantagem fazendo isso, e nenhuma desvantagem. A grande massa é egoísta, cada um vai tentar fazer o que é melhor para si, sem pensar no conjunto.

Assim, se quisermos obter comportamento de um grupo de trabalho ou de uma sociedade semelhante ao do padrão comportamental dos países nórdicos, por exemplo, temos que ter um sistema de consequências parecido com o desses países: *rápido e justo*. A grande massa vai então, pelos estímulos positivos e negativos, se movimentar para se juntar aos de bom comportamento. E aí, logo teremos mais um ganho. Cada vez mais as pessoas vão servir de modelo positivo umas para as outras, criando um circulo virtuoso. Porque, além de um bom sistema de consequências, outro poderoso fator que forma uma cultura é o *exemplo*.

– E o que fazer com os "nós cegos"? – perguntou Janete com muito interesse.

– Primeiro temos que identificá-los, ter certeza de que pertencem mesmo a esse grupo. Uma boa forma de se ter certeza é, após vários *feedbacks* feitos sem resultado, o gerente informar que, dado um prazo, se ele não mudar de comportamento, vai "separar os destinos" dele, Gerente, e o do colaborador em questão. Se ele mesmo assim não mudar, está identificado. Se mudar, mas logo não conseguir manter o bom padrão, também está identificado. E para esses, uma vez identificados, eu não encontrei outra solução que não seja esta: livrar-me deles o mais rápido possível!

– Muito bom isso, Lima! Lembrei-me de uma conversa que tive com um amigo psiquiatra – disse Janete, entusiasmada.

– E como foi? – perguntou Carlos, interessado.

– Estávamos discutindo a natureza do ser humano. O meu amigo mencionou que existem na sociedade justamente uns 5% de indivíduos que ele chamou de "psicopatas". Com esses, não há técnicas de abordagem que funcione. Tudo o que fizermos será apenas paliativo!

Capítulo VII: Teoria dos "Nós Cegos" ◀ 153

– Janete, eu lembrei-me agora das teorias de Hobbes e Rousseau, também a respeito da natureza humana. Lembra-se disso?

– Sim. Esses filósofos dos séculos XVII e XVIII, respectivamente, tinham posições opostas. Hobbes, que cunhou a expressão "o homem é o lobo do homem", achava que o homem nasce intrinsecamente mau e necessita de um governo forte que domine seus maus instintos naturais. Já Rousseau advoga que o homem nasce naturalmente bom, a sociedade é que o corrompe. Mas vejam que interessante: Rousseau também achava que a solução estava em um bom governo; não repressor, mas que promovesse a igualdade entre os homens. O que vocês acham disso?

– Bem, o nosso pai da psicanálise, Freud, vai mais ou menos na linha do Hobbes – disse Vera. – O homem seria preso a seus instintos, e precisa sim de um modelo de sociedade que modere esses instintos e o dirija para uma convivência pacífica na comunidade...

– É difícil! – sentenciou Fernando. – Do jeito que as coisas estão em nossa sociedade, parece que Hobbes e Freud é que tinham razão!

– Espera aí! – interrompeu Carlos. – Vocês estão entrando na neura pessimista que assola o Brasil neste momento. Eu estou mais otimista, os homens apresentam graus de evolução diferentes; e a minoria atuante acaba por levar de roldão a maioria dos indecisos e silenciosos a se tornarem "nós cegos", caso não haja uma Justiça que funcione bem e o bom exemplo dos governantes e políticos em geral, que é justamente o nosso caso. Vejam, por exemplo, a Suécia. Vocês leram a notícia de que lá estão fechando presídios por falta de presidiários?

– Carlos, disse Vera, essa conversa é apaixonante, mas não vamos resolver os problemas do Brasil. A propósito, querido, de onde vem mesmo a expressão "nó cego"?

– Bem, um "nó cego" é algo difícil de desatar, não é verdade? Quanto mais apertado, mais "cego", mais difícil. Por analogia, a "rádio peão" popularizou a expressão como sendo uma pessoa difícil, que não se consegue nada dela.

– Gente, eu acho que essa teoria do Lima explica o que a gente ouve falar sobre o porquê de a criminalidade na China ser tão baixa – disse Fernando.

– Aquela história deles executarem os malfeitores de crimes mais sérios e a família ainda ter que pagar as balas? – perguntou Vera.

– Alguém aqui já leu o livro "Henfil na China"? – perguntou Lima.

– Eu li, mas não vale; já sei a história – disse Vera.

– E nós somos muito novos – riu Fernando. – Eu nem sabia que o Henfil tinha escrito um livro! Para mim, ele tinha sido apenas um cartunista famoso, um dos melhores que tivemos.

– Pois escreveu não só um: eu conheço dois deles, não sei se escreveu mais – retrucou Lima.

Esse que mencionei, *Henfil na China*, é muito interessante. Ele esteve por um bom tempo lá, ainda quando era um regime superfechado. E descreveu uma prática que eu achei sensacional: todos sabem que o índice de criminalidade na China é baixíssimo, e a maioria o atribui, sim, aos tais fuzilamentos para os que cometem grandes crimes; mas há mais. Existe uma prática que se destina aos pequenos crimes, e segundo o Henfil, é bem eficiente.

– E qual é? Era Fernando, cheio de curiosidade.

– Bem, vocês sabem que lá existem as tais "comunas", não é? Parece que cada dez quarteirões forma uma dessas, que tem uma sede e dirigentes do próprio bairro.

Ante o balançar positivo das cabeças, Carlos continuou:

– Pois é, quando alguém é pego, por qualquer cidadão cometendo pequenos crimes, tais como furtos de objetos, ou agredindo alguém, esse cidadão é obrigado a comparecer, não me lembro por quantas vezes na semana, na tal comuna. Lá, uma penca de vizinhos fica repetindo coisas como "você não pode fazer isso" ou "nós aqui não toleramos atitudes como essa" ou "é uma vergonha para nós se você não se regenerar".

É um ótimo sistema de consequências, não é verdade? Acho que o cara desiste de roubar e agredir só para não ter que ouvir aqueles sermões dos vizinhos!
– Mas, e se ele não comparecer? Ou se encher e não ir mais? – perguntou Janete.
– Aí, o crime dele passa para categoria de médio, e ele vai para a prisão. E na prisão, se não se comportar bem, o crime passa para a categoria dos graves, e aí é que entra a historia das balas compradas pela família... Convincente, não acham?
– Nossa, estamos num "papo cabeça" demais – disse rindo Janete. – Estão chegando os nossos pratos.
– A eles, então! – disse Fernando. – Que tal falarmos de futebol?
– Não!!!– Em uníssono, Vera e Janete quase gritaram.
– Que tal planejarmos uma viagem para Bonito, no Mato Grosso do Sul? – sugeriu Lima.
– Melhorou. E porque não Fernando de Noronha? – falou Vera.

E lá ficaram os quatro, saboreando a comida, o espumante, a companhia e a planejar suas próximas férias. Afinal, sonhar é o primeiro passo para realizar...

◄ **Capítulo VIII** ►

Piano, Piano Si Va Lontano[1]

Carlos olhou em volta, sentado em sua cadeira de trabalho. Em seu "momento solo", ultimamente trazia seu *iPod*, pois percebeu que a musica o acalmava e melhorava sua produtividade. Tocava "Imagine" com o próprio John Lennon.

Ele respirou, passou os olhos pelos quadros, por sua mesa imponente, pela mesa de reuniões, pelos sofás, e pensou: "É, acho que agora mereço isso".

Toca o telefone.

– É o Dr. José Carlos, chefe. Vou passar – disse Dagmar.

– Pois não, José Carlos. Bom dia pra você.

– Bom dia pra você também. Agora que você está voando em "céu de brigadeiro", deve ser um bom dia mesmo, não é?

– Menos, chefe. Você sabe de que mesmo com bons resultados estamos sempre correndo para mantê-los, não é?

---

[1] Escrito em italiano, significa "devagar se vai ao longe". Homenagem ao pai do autor, que sempre repetia esta frase; Tem a ver também com a Constância de Propósitos citada por Deming.

– É verdade, Lima, não podemos baixar a guarda nunca. Estou te ligando para convoca-lo para uma reunião aqui no escritório central, na próxima terça-feira às 10 horas.

– O.K., estarei aí. Pode me adiantar o assunto?

– O assunto não, mas a reunião será entre você, o Presidente do Grupo NACIONAL e eu.

– Puxa José Carlos, que honra! O meu primeiro chefe dizia que a gente só é chamado para conversar com o *Big Boss* em duas ocasiões: quando entramos na companhia e quando saímos dela – e riu.

– Fique tranquilo. Você sair da empresa não está em nossos planos – disse também sorrindo o Diretor de Operações da NACIONAL.

Após despedirem-se, Lima desligou. "O que será?", pensou. Mas resolveu não pensar mais nisso e mergulhou no trabalho.

– Boa noite, querida! E o meu abraço?

Depois das agruras da família, da superação dos problemas com Laura e principalmente com Veridiana, Carlos e Vera tinham a certeza que podiam contar um com o outro nos momentos mais difíceis. E um deles sempre tomava a iniciativa do abraço.

– E aí, como foram as coisas na fábrica?

– Bem – respondeu Carlos – e contou sobre a convocação do Presidente na companhia.

– *Oh là là*, Carlos! Deve ser coisa boa!

– Vamos sentar na varanda e tomar um chimarrão?

– Sim, vamos – respondeu Vera. Eu esquento a água e você prepara a erva, O.K.?

E lá estavam, sentados na varanda, trocando ideias e tomando chimarrão, "uma das coisas boas da vida", pensou Carlos.

– Parece que as coisas na fábrica melhoraram mesmo, não é?! – perguntou a esposa. Você conseguiu chegar hoje às seis e meia da tarde! Agora é só alegria...

– Não é bem assim, Vera. Sim, temos a vantagem de se conseguirmos correr contra o tempo e realizamos tarefas que sejam *prevenção de disfunções*; os indicadores de desempenho permanecem bons, até mesmo se dermos uma relaxada. Mas isto só por algum tempo. As coisas iriam piorar quase que imperceptivelmente até que em mais ou menos dois anos estaríamos vendo a coisa totalmente preta novamente.

– E para melhorar, também é assim?

– Não, Vera. A grande melhora, mesmo que ainda não se reflita toda nos resultados dos indicadores, é possível faze-la em mais ou menos um ano, como fizemos. Mas veja: nesse caso a energia que colocamos tem que ser brutal. E não devemos nos esquecer dos detalhes e principalmente da motivação do pessoal.

– Você, para um engenheiro, até que entende de psicologia!

– Também, fazendo minhas sessões de psicoterapia e casado com uma psicóloga competente como você! – elogiou Carlos.

– Mas, e agora? O esforço continua?

– Sim, Vera. Alguém já comparou as ações para manter uma fábrica com bons resultados em Segurança e Confiabilidade, a segurar uma enorme pedra pesada em forma de bola em um degrau de uma escada. Se afrouxarmos, a pedra vai descer novamente. E pode levar a gente junto!

– Então, segura a pedra! – Vera riu ao falar isso.

– É, agora é "piano, piano, si vá lontano", como dizia meu pai. Eu gosto de pensar nessa frase com uma tradução um pouco diferente: devagar e *sempre*.

Com a chegada das "crianças" – duas belas jovens – foram todos preparar seus pratos. Vera já tinha tirado tudo da geladeira e deixado as vasilhas abertas, com os alimentos. Era só fazer o prato e esquentar a comida no micro-ondas. E foi isso que harmoniosamente fizeram.

No outro dia, novamente no seu momento solo, Carlos pensou: "Tem uma coisa importante que ainda não está 'redonda". O problema era que Leal ainda estava um pouco magoado com o sistema de avaliações implantado.

Claramente os departamentos com mais gente que "metia a mão na massa" estavam levando desvantagens. De fato parece ser muito mais difícil "arrancar" desse pessoal um índice de satisfação semelhante aos dos colegas que trabalham nos escritórios, mais próximos física e psicologicamente da gerencia.

Resolveu ouvir a opinião do Fernando, de RH. O departamento dele estava sendo um dos mais beneficiados, e assim, Lima sabia que a opinião dele seria muito importante nesse caso.

Mais tarde, já estava na reunião com Fernando. Expôs o problema a ele.

– É, fazendo uma análise imparcial, acho que você tem razão. Ainda que eu seja um dos mais beneficiados, eu sei que os Gerentes de Produção, de Manutenção e de Segurança estão chateados com a atual fórmula. E penso que isso seja uma pedra no sapato nas relações entre você e esses gerentes, especialmente com o Leal. Percebo que vocês se gostam, mas isso está atrapalhando.

– Além disso, Fernando, o próprio pessoal do chão da fábrica pode se revoltar com isso. Pode ser um retrocesso.

– Tenho uma ideia, chefe. A Gerência Corporativa de RH tem todos os dados de Índice de Satisfação dos Empregados, estratificados em quaisquer formas que pedirmos. Posso pedir os índices só das fábricas e ainda estratificados por Gerência Executiva. Fazemos uma média ponderada – que leve em consideração o número de pessoas de cada Gerencia Executiva – e temos diretamente o fator que deve ser aplicado a cada uma de nossas Gerencias, no indicador "Índice de Satisfação". O que você acha?

– Parece-me legal. Acho que seria mais justo, não é verdade? E podemos utilizar os resultados de um ano para calcular os fatores de ajuste para o próximo ano e assim por diante.

– Lima, vamos considerar nas medias os resultados de nossa fábrica também?

Capítulo VIII: *Piano, Piano Si Va Lontano* ◀ 161

– Não, meu amigo. Assim seria muito mole para eles, não é verdade? Eles têm que ficar, no mínimo, na média das outras unidades fabris em relação ao pessoal do escritório. Que acha?
– Acho justo. Acho que vai dar certo. Quer que eu faça as contas?
– Pode ir fazendo as contas, mas não deixe vazar nada, por favor. Faça você mesmo, O.K.?
– O.K., chefe. Até mais!

Lima não estava totalmente satisfeito, Fernando era "legal" demais. Resolveu conversar com outra pessoa.

Ligou para Cid, agora Gerente de Manutenção.
– Cid, você tem uns trinta minutos para conversarmos?
– Sim, Lima. Pode ser daqui a vinte minutos? Preciso terminar algo importante aqui.

Exatamente vinte minutos depois, Cid entrou na sala de Lima.
– Sim, Lima, em que posso ser útil?
– Senta aí à mesa de reuniões, vou te mostrar uma coisa
– Lima sentou-se à mesa também. E mostrou com todos os detalhes o problema na questão da avaliação de desempenho. Explicou também a solução a que Fernando e ele, Lima, tinham chegado. O departamento do Cid era um dos que seriam beneficiados pela nova fórmula, mas Lima confiava muito na integridade do colega.

– Olha, Lima, você se lembra de que eu dei uma chiada quando você implantou o sistema, assim, meio unilateralmente. E lembra-se também que eu te disse quando saiu o primeiro resultado, não é?

– Como eu iria me esquecer, Cid, você "soltou os cachorros", disse que a mudança era temerária, que o pessoal que sujava a mão iria se indignar, que os resultados iriam piorar. Foi duro, mas eu mantive minha decisão.

– Bem, hoje vejo que não foi *tão* ruim assim. Foi mais positivo do que negativo. E agora vai ficar melhor, mais justo em minha opinião.

– Gosto de ti porque você coloca firmemente suas posições, muitas vezes diferentes das minhas.

– Já que estamos "rasgando seda", me diga uma coisa: porque você não me demitiu quando fez aquelas mudanças todas? Afinal, estamos sempre brigando.

– Isso eu compreendi em um livro do Akio Morita, fundador da Sony. Numa situação muito parecida com a qual nós estamos, ele disse ao seu principal assistente: "Se você fosse uma pessoa que pensasse igualzinho a mim, eu não precisaria de você!".

Cid riu gostosamente. Lima pode perceber em seguida a alegria naquele colega íntegro, trabalhador, mas que não arredava pé de seus princípios!

– Falou cara. Posso ir agora?

– Claro, meu chapa. Vê se pega leve comigo, hein?!

Passados alguns dias, o telefone toca. É Dagmar, sua secretária, perguntando se a Suely, de Relações Públicas, poderia subir para falar com ele.

– Sim, claro. Diga que estou esperando.

– Chefe, tenho boas notícias – disse a entusiasmada Suely ao entrar.

– Diga aí, Suely.

– Acabo de receber uma ligação do chefe de cerimonial da prefeitura de Areal. Vão te conceder o título de Cidadão Emérito! E enumeraram uma porção de coisas que nós temos feito pela cidade, especialmente aquela ação de treinar pessoas da comunidade com cursos no Senai e propiciar empregos para eles.

– Mas eu não estava sozinho nessa. O Almeida, Diretor da SIDESA, também ajudou bastante.

– Ele já recebeu esse título no passado, antes de você chegar aqui, chefe. É realmente um batalhador pela cidade. Mas mesmo com toda importância de nossa fábrica para a cidade de Areal, nunca um Diretor Industrial nosso tinha recebido essa honraria. Parabéns!

– Bem, vamos então "bater o bumbo". Notícia ruim nós damos com transparência e um nó no peito; notícia boa não pode ser exagerada, mas tem que ser divulgada. E quando será a cerimônia?
– Daqui a duas semanas – respondeu Suely. Vou ajudar nos preparativos; afinal eu sou uma cidadã nata de Areal.
– Que bom, acho ótimo. Um abraço, minha querida gerente.

Suely saiu. Lima respirou fundo. "Como dizia minha avó, não posso ter soberba. Preciso me vigiar para não ficar muito convencido, me achando. E ainda tem aquela reunião com o Presidente. Calma, Carlos mantenha os pés no chão", falou de si para consigo.

Mas não pode segurar o orgulho ao comunicar o fato à sua família, na noite daquele mesmo dia.

– Já sabíamos, pai – disse Laura. Uma gerente da fábrica ligou para cá, nos pediu uma porção de coisas, não é mamãe?

– Pediu sim, mas não vamos estragar a surpresa que eles estão preparando para seu pai, Lala.

– Eu também quero ser cidadã "meritória" Areal – brincou Veridiana. Afinal, estou indo bem na escola, cuido para não chamar mais os caretas dos seus amigos de "caretas"... – E começou a rir.

– Está bem, Ver. Vou ver o que posso fazer por você – disse Carlos, entrando na brincadeira.

E assim, a família Lima toda foi dormir mais orgulhosa naquela noite.

A terça-feira da semana seguinte chegou. Lá estava Lima, na sala de seu Diretor, ambos esperando um telefonema da secretária para irem conversar com o Presidente do Grupo NACIONAL. Lima sentiu um pouco de frio na barriga. Já tinha sim conversado com o Presidente. Lembrou-se também daquele telefonema quando da demissão de seu colega Irani, o gerente da fábrica ao lado; mas nunca tinha pisado na sala do Presidente da Empresa. E esperava um pouco aflito, conversando amenidades com seu Diretor.

O telefonema chegou. Dirigiram-se os dois para a sala do Presidente; Lima com seu melhor terno, sua melhor camisa e a mais bonita gravata – escolhida por Vera.
– Entrem, entrem – disse o Presidente. Como foi de viagem, Lima?
Lima engasgou. Não sabia se o chamava de Souza ou Dr. Souza. Resolveu arriscar:
– Foi tudo bem, Souza. Obrigado!
– Imagino que você esteja curioso devido a essa convocação, não é?
– Muito, Senhor Presidente – Lima escorregou (a figura de uma autoridade era muito forte para ele).
– Deixe o "Senhor Presidente" de lado, meu caro. Eu comecei na empresa como você, a única diferença são nossos cargos.
– O.K., Souza, obrigado!
– Você deve saber que o José Carlos gosta muito de seu trabalho, não é? Eu acompanho apenas os indicadores. E vi que você e sua equipe, em dois anos, conseguiram subir da 12ª posição para a 5ª posição no *ranking*. Hoje a "sua" fábrica é uma das mais lucrativas do grupo, pois é muito complexa, e se funciona bem... é lucro garantido.
– Obrigado, Souza, pelo elogio. – Lima pensou: "Será que ele me chamou aqui só para dar esse elogio?".
– Agora vamos te dar um desafio um pouco maior. Estou te convidando para um novo cargo que estamos criando, o de Diretor de Operações adjunto. Vamos tirar um pouco dos "macaquinhos" das costas do José Carlos e colocar nas suas costas.
– E o senhor, quer dizer, você, acha que estou à altura? Afinal, nunca trabalhei no escritório central da NACIONAL.
– Sim, mas justamente queremos trazer a experiência de alguém que todos os dias estava no chão da fábrica para arejar os nossos quadros aqui no escritório central. O que você me diz?
– Bem, eu estou honrado com o convite, mas preciso conversar com minha família antes de aceitar. Eu aprendi que ela é tão ou mais importante que meu trabalho.

Capítulo VIII: *Piano, Piano Si Va Lontano* ◀ 165

– O.K., Lima – entrou na conversa José Carlos. – Nós já esperávamos por essa atitude sua. Você tem uma semana para nos responder.
– E pode dar a resposta ao José Carlos – disse o Presidente. E não se preocupe tanto. Não vamos gostar de receber um não, mas nem por isso o consideraremos menos capaz.
– Agradeço a compreensão – respondeu Lima, já preocupado com a parte "não vamos gostar de receber um não. Mas isso faz parte do jogo", concluiu.
Na despedida, José Carlos disse:
– Não se esqueça: isso é confidencial. Só fale com a sua família, O.K.?
– Certo, chefe. Entendo perfeitamente. E se despediram.
Foi mais fácil do que pensava convencer sua família para acompanhá-lo na promoção, a qual ele desejava muito. Laura iria alugar um apartamento só para ela (por enquanto pago pelo pai, é claro) e ficar na cidade, estudando e trabalhando. Estava curtindo, era uma empreendedora.
Por outro lado, Vera e Veridiana tinham se animado muito quando, em umas das férias da família, foram passear na reserva ambiental da Chapada dos Veadeiros, próximo de Brasília, que seria o novo local de trabalho de Carlos. Especialmente na cidade próxima de Alto Paraíso de Goiás, onde moravam muitos "bichos grilos" ou *hippies* de todas as idades. E as duas tinham um espírito assim que chamavam de "alternativo". Brasília não assustava nenhuma das duas. Vera, uma ótima psicóloga, iria com o apoio de Carlos fazer nova clientela. Veridiana, um pouco chateada, principalmente pela amiga Samara, de quem teria que se afastar, estava por outro lado superempolgada com uma nova turma, uma nova classe, e o melhor: poderia ir para as cachoeiras de Alto Paraíso de Goiás em todo final de semana que desejasse, desde, é claro, que fosse bem na escola.
– Quanto à sua amiga Samara, – disse Carlos – eu topo pagar uma viagem para você todos os meses, sempre que quiser. Não vai perder o contato, o meu salário vai melhorar e podemos fazer esse trato sem problemas.

— O.K., meu *coroa enxuto*, eu já topei — disse a sempre irreverente Veridiana.
Ficou então fácil dar a resposta.
— José Carlos, falei com a minha turma — disse Lima ao telefone.
— E aí como foi?
— Bem, com algumas negociações — Carlos teve o cuidado de omitir a "sugestão" de Vera, aceita por ele, de continuar a se submeter à psicanálise lá em Brasília — elas toparam. — Para quando está previsto?
— Penso que em dois meses vamos fazer as nomeações. Vá pensando em um sucessor para você, mas que não seja de sua fábrica. Você sabe que nossa política é a de sempre promover alguém de fora para o cargo máximo da fábrica, não é?
— Eu sei que vocês tem uma lista de candidatos em potencial, pois indiquei o Cid e o Leal para fazerem parte dela. Você poderia me enviar a lista para eu examinar antes de sugerir? É claro que não a divulgarei.
— Sim, Lima, eu te enviarei. E *parabéns*! Pela decisão e pelo novo cargo.
"Pronto, está feito. *Alea jacta est*", pensou Lima.
Chegou então o grande dia de receber o título de cidadão emérito. Foi difícil segurar a emoção quando a voz cristalina de Joan Baez ecoou no salão nobre, como uma homenagem de sua família a ele, enquanto o locutor enumerava suas qualidades. Carlos conseguiu, entretanto, pensar que a glória neste mundo é efêmera; estavam dando, na verdade, o título devido ao seu importante cargo; e não exclusivamente pelas suas qualidades, como a cerimônia fazia parecer a todos crer. Mas de qualquer forma foi bom. Não teve como não se lembrar das dificuldades para se formar em Engenharia, para ingressar no Grupo NACIONAL e principalmente para manter o equilíbrio diante de tantas pressões. "Foram tantas as emoções", como brincou Laura quando voltavam para casa.
Dois anos depois, Lima participa da reunião de avaliação final dos resultados das fábricas do Grupo NACIONAL. Com

Capítulo VIII: *Piano, Piano Si Va Lontano* ◄ 167

muita satisfação vê que a sua antiga fábrica de Areal atingiu o segundo lugar no ranking da NACIONAL. E fica muito feliz com o comentário do Diretor de Operações:

– Lima, para mim uma boa administração não se prova apenas com resultados de curto prazo. O sistema tem que ser sólido e estabelecido em bases verdadeiras. Assim, com o bom trabalho de quem o substituiu, foi possível não só sustentar como melhorar os resultados da fábrica. Por sua complexidade, localização e idade, desde que implantamos esse sistema de ranking anual, é a melhor colocação de Areal. E você tem participação importante nisso. Sem tirar os méritos do Alexandre, atual Diretor de Areal, que também são muitos, *parabéns*, meu caro!

Carlos voltou à sua sala. Ainda mais luxuosa do que a que ocupava quando Diretor da fábrica, com uma ótima vista para o grande lago de Brasília. Foi direto para uma placa de prata, exposta em uma das estantes, ocupando um lugar de destaque, para orgulho dele. E leu novamente:

"LIMA,
Alguns líderes conseguem expressivos resultados.
Outros líderes conduzem homens.
Poucos, como você, constroem resultados e homens.
Suas lições, dignas de um verdadeiro professor,
motivam-nos a permanecer na busca de expressivos resultados.
Gerentes da Unidade Areal"

Carlos sentou-se no sofá de visitas e pensou: "Para mim, esta placa é a maior recompensa pelos esforços daqueles tempos. Obrigado, Senhor! *Por tudo*." E já se preparou para matar o leão do dia, como de hábito.

Referências Bibliográficas

DEMING, W. Edwards. *Qualidade: A Revolução da Administração.* Rio de Janeiro: Marques – Saraiva, 1999.

GOLDRATT, Elyahu M. COX, Jeff. *A Meta.* São Paulo: Educator, 1996

KARDEC, Alan. *O Evangelho segundo o Espiritismo.* Rio de Janeiro: Federação Espirita Brasileira, 1998.

HUNTER, James C. *O Monge e o Executivo.* Rio de Janeiro: Sextante, 2004.

JHAGROO, Kishore. *Optimization of Reliability Systems in Heavy Industries.* Gulf Seminar. Rio de Janeiro, 2013.

MACHIAVELLI, Niccolo. *O Príncipe.* São Paulo: Tecnoprint, 1981.

MORITA, Akio. *Made in Japan.* São Paulo: Livraria Cultura, 1986.

PMI Today. Project Management Institute. February 2013. Philadelphia, PA, USA..

SCHOLTES, Peter R. *Times da Qualidade – Como Usar Equipes para Melhorar a Qualidade.* Rio de Janeiro: Qualitymark, 1992.

SUN TZU. Adaptação de James Clavell. *A Arte da Guerra.* Rio de Janeiro: Record, 2002.

SHINYASHIKI, Roberto; DUMET, Eliana B. *Amar Pode Dar Certo.* São Paulo: Gente, 1988.

SOUZA Filho, Henrique. *Henfil na China*. Rio de Janeiro: Círculo do Livro, 1978.

STEPHEN, R. Covey. *Os 7 Hábitos das Pessoas Altamente Eficazes*. São Paulo: Best Seller, 2001.

VERRI, Luiz A. *Gerenciamento pela Qualidade Total na Manutenção Industrial*. – Dissertação de Mestrado. Campinas, Unicamp,1995.

ZOHAR, Danah; MARSHAL, Ian: *Inteligência Espiritual*. Rio de Janeiro: Viva livros, 2012.

QUALITYMARK EDITORA

Entre em sintonia com o mundo

Quality Phone:
0800-0263311
ligação gratuita

Qualitymark Editora
Rua Teixeira Júnior, 441 - São Cristovão
20921-405 - Rio de Janeiro - RJ
Tel.: (21) 3295-9800
Fax: (21) 3295-9824
www.qualitymark.com.br
e-mail: quality@qualitymark.com.br

Dados Técnicos:

• Formato:	14 x 21 cm
• Mancha:	11 x 18 cm
• Fonte:	ChelthmITC Bk BT
• Corpo:	11
• Entrelinha:	13
• Total de Páginas:	184
• 1ª Edição:	2014